THOMAS RAISER

Die Aussperrung nach dem Grundgesetz

Schriften zum Öffentlichen Recht

Band 274

# Die Aussperrung nach dem Grundgesetz

Unter welchen Voraussetzungen kann die Aussperrung durch Bundesgesetz
für sich allein oder im Zusammenhang mit einer allgemeinen gesetzlichen
Regelung des Arbeitskampfrechts verboten oder eingeschränkt werden?

Von

Prof. Dr. Thomas Raiser

DUNCKER & HUMBLOT / BERLIN

Alle Rechte vorbehalten
© 1975 Duncker & Humblot, Berlin 41
Gedruckt 1975 bei Buchdruckerei Bruno Luck, Berlin 65
Printed in Germany
ISBN 3 428 03453 8

## Vorwort

Die Schrift beruht auf einem Rechtsgutachten, das ich im Januar 1975 für den Bundesminister für Arbeit und Sozialordnung erstattet habe. Für den Druck habe ich einige Teile überarbeitet und auf den neuesten Stand gebracht. Namentlich konnte ich das Urteil des Bundesverfassungsgerichts vom 19. 2. 1975 noch einarbeiten, in dem das Gericht den bekannten Beschluß des Großen Senats des Bundesarbeitsgerichts im Fall der Spielbank Bad Neuenahr bestätigt. Obwohl das Urteil die Kernfragen des Arbeitskampfrechts ausdrücklich offenläßt, lassen sich aus seiner Diktion doch Schlüsse ziehen, wie es sie betrachtet. Für wichtige Anregungen und weiterführende Gespräche während der Vorbereitung des Gutachtens habe ich den Richtern am Bundesarbeitsgericht, Frau Prof. Dr. M. L. Hilger und Herrn Dr. F. Auffahrt, den Professoren Dr. F. J. Säcker, Berlin, Dr. R. Scholz, Berlin, und Dr. A. Söllner, Gießen, sowie den Herren Dr. E. G. Erdmann von der Bundesvereinigung der Deutschen Arbeitgeberverbände, K. Kehrmann vom Deutschen Gewerkschaftsbund und Dr. M. Kittner von der IG Metall zu danken.

Gießen, im Mai 1975 *Thomas Raiser*

## Inhaltsübersicht

| | | |
|---|---|---|
| *I.* | *Einleitung* ................................................... | 9 |
| | 1. Das Problem ............................................. | 9 |
| | 2. Der Gutachtenauftrag .................................... | 11 |
| | 3. Das geltende Arbeitskampfrecht ........................... | 12 |
| |    a) Streik und Aussperrung nach geltendem Recht ........... | 12 |
| |    b) Rechtliche Schranken von Arbeitskampfmaßnahmen ...... | 17 |
| |    c) Flankierende Vorstellungen und Regeln ................. | 18 |
| *II.* | *Die Rechtslage nach Wortlaut und Entstehungsgeschichte des Grundgesetzes* .................................................. | 20 |
| | 1. Der verfassungsrechtliche Ort des Problems ................. | 20 |
| | 2. Folgerungen aus dem Wortlaut des Art. 9 Abs. 3 GG .......... | 21 |
| | 3. Folgerungen aus der Entstehungsgeschichte des Art. 9 Abs. 3 GG ......................................................... | 22 |
| | 4. Die Bedeutung der „Notstandsnovelle" Art. 9 Abs. 3 Satz 3 GG | 25 |
| *III.* | *Die Koalitionsfreiheit und ihre Schranken in der verfassungsrechtlichen und arbeitsrechtlichen Literatur* ........................ | 29 |
| | 1. Die Thesen von R. Hoffmann ............................... | 29 |
| | 2. Kritik der Thesen von Hoffmann ........................... | 32 |
| | 3. Die Auslegung des Art. 9 Abs. 3 GG in der übrigen Literatur .. | 36 |
| |    a) Rüthers ................................................ | 37 |
| |    b) Nipperdey ............................................. | 38 |
| |    c) Bulla .................................................. | 39 |
| |    d) W. Weber ............................................. | 39 |
| |    e) Säcker ................................................ | 40 |
| |    f) Evers ................................................. | 41 |
| |    g) Lerche ................................................ | 42 |
| |    h) Scholz ................................................ | 43 |
| | 4. Zusammenfassung und kritische Würdigung ................. | 44 |
| | 5. Die Judikatur des Bundesverfassungsgerichts zu Art. 9 Abs. 3 GG ......................................................... | 50 |
| | 6. Ergebnisse ................................................ | 57 |
| *IV.* | *Aussperrung und Paritätsprinzip* ................................ | 59 |
| | 1. Das Problem der Parität im Tarifvertrags- und Arbeitskampfrecht ..................................................... | 59 |
| | 2. Lerches Ablehnung des Paritätsprinzips ..................... | 60 |
| | 3. Der Gleichheitssatz (Art. 3 Abs. 1 GG) und das Neutralitätsprinzip als verfassungsrechtliche Wurzeln des Paritätsprinzips | 62 |

## Inhaltsübersicht

- 4. Parität der Sozialpartner als funktionsnotwendiger Bestandteil der Koalitionsautonomie ..... 64
- 5. Folgerungen ..... 70

### V. Die Parität der Sozialpartner ..... 73
- 1. Die Fragestellung ..... 73
- 2. Das Arbeitskampfrisiko der einzelnen Arbeitnehmer als Argument gegen die Parität ..... 74
- 3. Die Leistungsfähigkeit der Gewerkschaften und der Arbeitgeber bzw. Arbeitgeberverbände als Argument gegen die Parität .... 77
- 4. Der Erfolg in Arbeitskämpfen als Paritätsmaßstab ..... 80
- 5. Die Entwicklung der Lohnquote als Paritätsmaßstab ..... 82

### VI. Die verfassungsrechtliche Zulässigkeit eines Aussperrungsverbots zum Schutz anderer besonders wichtiger Rechtsgüter ..... 84
- 1. Rechtfertigungsgründe für ein Aussperrungsverbot ..... 84
- 2. Die Angriffsaussperrung ..... 85
- 3. Die lösende Aussperrung ..... 87
- 4. Die suspensive Abwehraussperrung ..... 88
- 5. Die Sympathieaussperrung ..... 93

### VII. Aussperrungsverbot und völkerrechtliche Verpflichtungen der Bundesrepublik Deutschland ..... 95
- 1. Die Aussperrung nach der Europäischen Konvention zum Schutz der Menschenrechte und Grundfreiheiten ..... 95
- 2. Die Aussperrung nach der Europäischen Sozialcharta ..... 96

### VIII. Ergebnisse in Thesen ..... 99

### IX. Gesamtergebnis ..... 104

## I. Einleitung

### 1. Das Problem

Das Grundgesetz gewährleistet in Art. 9 Abs. 3 Satz 1 GG für jedermann und für alle Berufe das Recht, zur Wahrung und Förderung der Arbeits- und Wirtschaftsbedingungen Vereinigungen zu bilden, ohne jedoch auszuführen, ob es damit auch die spezifischen Rechtsinstitute des kollektiven Arbeitsrechts, namentlich den Arbeitskampf und seine Erscheinungsformen des Streiks und der Aussperrung garantieren wollte. Es kann daher nicht verwundern, daß die Tragweite des verfassungsrechtlichen Schutzes von Anfang an wissenschaftlich und politisch heiß umstritten war. Das Spektrum der Meinungen reicht von der Ansicht, daß nur der Streik den besonderen Grundrechtsschutz genieße, während die Aussperrung unzulässig sei oder doch vom Gesetzgeber uneingeschränkt verboten werden könne[1], bis zum gegenteiligen Extrem, wonach Streik und Aussperrung einen völlig gleichartigen Schutz genießen, den der Gesetzgeber in einer gewissermaßen schematischen Symmetrie auszugestalten habe[2]. Nach dem bekannten Beschluß des Großen Senats des Bundesarbeitsgerichts vom 28. 1. 1955[3], welcher die

---

[1] So z. B. *Richard Schmid*, Bemerkungen zum Thema Aussperrung, Gewerkschaftliche Monatshefte 1964, S. 326; ders., Aussperrung — Recht oder Unrecht? (Schriftenreihe der IG Metall Nr. 47) 1972; *Kittner*, Parität im Arbeitskampf? Überlegungen zur Forderung nach dem Verbot der Aussperrung, Gewerkschaftliche Monatshefte 1973, S. 91 (102); *Hoffmann*, Der Grundsatz der Parität und die Zulässigkeit der Aussperrung, in: Kittner (Hrsg.), Streik und Aussperrung; Protokoll der wissenschaftlichen Tagung der Industriegewerkschaft Metall vom 13. bis 15. September 1973 in München, 1974, S. 47 ff.; nicht ganz eindeutig *Radke*, Zur rechtlichen Problematik der Aussperrung und des Streiks, AuR 1964, S. 67 ff.; für die Zulässigkeit des gesetzlichen Verbots der Aussperrung, namentlich *Evers*, Arbeitskampffreiheit, Neutralität, Waffengleichheit und Aussperrung, 1969, S. 22, 52; *Lerche*, Verfassungsrechtliche Zentralfragen des Arbeitskampfs, 1968, S. 66 ff.

[2] So z. B. *Hueck / Nipperdey*, Arbeitsrecht, 2. Aufl., Bd. II/1, § 3 IV, 2 c, S. 38, Bd. II/2, § 47 V, 2, S. 928 f. (der „materielle Grundsatz" der Chancengleichheit im Gegensatz zur bloß „formalen Gleichheit" ist in den früheren Auflagen noch nicht ausgearbeitet, vgl. jetzt *Hueck / Nipperdey*, Arbeitsrecht, 6. Aufl., 2. Band, 1970, § 3 IV, S. 30, § 47 III, 6 b, S. 619); *Nikisch*, Arbeitsrecht, 2. Aufl., 2. Band, § 63 III, 2, S. 109; *Bulla*, ArbR Blattei D Arbeitskampf II D, III 1, II 2, 3; *Isele*, Das Aussperrungsverbot nach Art. 29 V der Verfassung des Landes Hessen, Rechtsgutachten, Anlage zu den Mitteilungen Nr. 18/1952 der BDA; *W. Weber*, Das Aussperrungsverbot der Hessischen Verfassung, BB 61, 293; *Jürging*, Das Aussperrungsverbot der Hessischen Verfassung, Betr. 66, 290.

[3] BAGE 1, 291 = AP Nr. 1 zu Art. 9 GG Arbeitskampf.

Rechtslage für die folgenden Jahre fixierte, verlor die Kontroverse für längere Zeit an Schärfe und Publizität, offensichtlich weil die Gewerkschaften, zu deren Lasten die Judikatur des Bundesarbeitsgerichts überwiegend ging, keinen Anlaß oder keine Chance sahen, öffentlich auf ihre Änderung zu dringen. Dies änderte sich seit etwa 1971. Der Große Senat des Bundesarbeitsgerichts beschäftigte sich im Beschluß vom 21. 4. 1971[4] erneut grundsätzlich mit der ganzen Materie. Er bekräftigte zunächst den Ansatz von 1955 und bestätigte namentlich die Zulässigkeit der Aussperrung. Auf der anderen Seite entwickelte er seine Konzeption in einem wichtigen Punkt weiter, indem er den Gebrauch der Arbeitskampfmittel generell unter den Vorbehalt der Verhältnismäßigkeit stellte und ihre Zulässigkeit insofern rechtlich einschränkte[5].

Die Arbeitgeber machten sich in dem mit ungewöhnlicher Härte geführten Arbeitskampf in der Metallindustrie in Nordwürttemberg/Nordbaden im November und Dezember 1971 ihre durch den Beschluß erneut bestätigten Rechte alsbald zunutze und beantworteten den von der IG Metall in Gang gesetzten Schwerpunktstreik mit einer das Kampfgebiet ausweitenden Aussperrung. Während am Streik etwa 115 000 Arbeitnehmer teilnahmen, wurden zusätzlich ca. 165 000 ausgesperrt. Darüber hinaus deutete der Arbeitgeberverband der Metallindustrie die Möglichkeit an, weitere, über das ganze Bundesgebiet sich erstreckende Aussperrungen vorzunehmen[6]. Als Folge des Arbeitskampfs mußten auch viele Zuliefer- und Abnehmerbetriebe unterschiedlicher Branchen inner- und außerhalb des Kampfgebiets die Arbeit einstellen oder Kurzarbeit einführen[7]. Die Gewerkschaften reagierten empört auf die Maßnahmen der Arbeitgeberverbände. Sie verlangen seitdem ein gesetzliches Verbot der Aussperrung, das auf dem 9. ordentlichen Bundeskongreß des DGB in Berlin vom 25. 6. - 1. 7. 1972 zum offiziellen Programmpunkt und Gegenstand politischer Forderungen erhoben wurde[8]. Eine unter dem Thema Streik und Aussperrung veranstaltete wissenschaftliche Tagung der IG Metall vom 13. bis 15. September 1973 in München bekräftigte die Forderung vor einer

---

[4] BAGE 23, 292 = AP Art. 9 GG Arbeitskampf Nr. 43.

[5] Die verbreitete und überwiegend kritische Reaktion, welche der Beschluß in der Wissenschaft und bei den Gewerkschaften fand, braucht an dieser Stelle nicht referiert zu werden. Vgl. unten Abschn. I 3 a.

[6] Vgl. die Darstellung und die leicht voneinander abweichenden Zahlenangaben einerseits bei *Kittner*, Parität im Arbeitskampf, S. 91, andererseits in der Dokumentation des *Verbands der Metallindustrie Baden-Württemberg* e. V.: Der Arbeitskampf 71, S. 13, 33; ferner *Muhr*, RdA 1973, S. 9; *Müller / Jentsch*, Gewerkschaftliche Monatshefte 1972, S. 324.

[7] Der Arbeitskampf 71, S. 37 f.

[8] Siehe Tagungsprotokoll, S. 190 ff.

breiten Öffentlichkeit und suchte sie zugleich wissenschaftlich zu untermauern[9]. Auch seitdem war sie mehrfach Gegenstand gewerkschaftlicher Tagungen und Manifestationen. Es ist ferner bekannt, daß auch Teile der SPD sich das Verlangen nach einem Aussperrungsverbot inzwischen zu eigen machten.

## 2. Der Gutachtenauftrag

Der mir vom Bundesminister für Arbeit und Sozialordnung erteilte Forschungsauftrag lautet:

„Unter welchen Voraussetzungen kann die Aussperrung durch Bundesgesetz für sich allein oder im Zusammenhang mit einer allgemeinen gesetzlichen Regelung des Arbeitskampfrechts verboten oder eingeschränkt werden."

Als rechtliche Schranken für die legislatorische Tätigkeit des Bundesgesetzgebers kommen nur das Grundgesetz und Vorschriften des Völkerrechts in Betracht[10], im Fall der Aussperrung vor allem die Europäische Konvention zum Schutz der Menschenrechte und Grundfreiheiten vom 4. 11. 1950 und die Europäische Sozialcharta vom 18. 10. 1961. Der Gutachtenauftrag ist daher gleichbedeutend mit der Frage, ob bzw. unter welchen Voraussetzungen das Grundgesetz und die genannten völkerrechtlichen Konventionen ein gesetzliches Verbot der Aussperrung gestatten. Im geltenden deutschen Recht findet sich ein Aussperrungsverbot in Art. 29 Abs. 5 der Hessischen Verfassung vom 1. 12. 1946[11]. Die Vereinbarkeit dieser Norm mit dem Grundgesetz ist seit langem Gegenstand heftiger wissenschaftlicher Kontroversen, die zwar bis heute nicht zu einem eindeutigen Ergebnis geführt, aber doch den rechtlichen Rahmen abgesteckt haben, in dem sich die Frage bewegt[12]. Das in dieser Auseinandersetzung angefallene Material wird daher im Verlauf der Untersuchung sorgfältig ausgewertet werden müssen.

Aussperrung und Streik sind als die beiden zentralen Mittel des Arbeitskampfs eng aufeinander bezogen. Daher ist damit zu rechnen,

---

[9] Die Referate und Diskussionsprotokolle der Tagung sind in dem bereits zitierten Band von *Kittner* (Hrsg.), Streik und Aussperrung, 1974, veröffentlicht.

[10] Art. 25 GG.

[11] Die Vorschrift lautet:
„Das Streikrecht wird anerkannt, wenn die Gewerkschaften den Streik erklären. Die Aussperrung ist rechtswidrig."

[12] Das gilt namentlich für die beiden Rechtsgutachten zu dem Problem von *Evers*, Arbeitskampffreiheit, Neutralität, Waffengleichheit und Aussperrung, 1968, und *Lerche*, Verfassungsrechtliche Zentralfragen des Arbeitskampfs, 1968. Ferner *Scholz*, Koalitionsfreiheit als Verfassungsproblem, 1971, S. 266, 349 ff.

daß die Zulässigkeit eines Verbots oder einer gesetzlichen Einschränkung der Aussperrung auch davon abhängt, ob bzw. in welchem Umfang der Streik grundgesetzlich garantiert und rechtlich zugelassen ist[13].

Das Gutachten geht insoweit von dem unveränderten Fortbestand des geltenden Streikrechts aus, klammert also die rechtlich anders geartete und weiterführende Frage aus, ob Streik und Aussperrung gemeinsam anders geregelt, verboten oder in ein anderes System zueinander gebracht werden könnten. Dasselbe gilt hinsichtlich der anderen Kampfmittel und arbeitskampfrelevanten Rechtsinstitute, namentlich hinsichtlich des gesamten Tarifvertrags- und Schlichtungsrechts, der Kündigung in allen ihren Erscheinungsformen, der Kurzarbeit, der Verteilung des Betriebsrisikos im Arbeitskampf und des § 116 AFG. Dies macht es erforderlich, die Rechtslage im folgenden in der gebotenen Kürze darzustellen. Dagegen kann die Untersuchung an dem Regierungsentwurf eines Mitbestimmungsgesetzes[14] nicht vorbeigehen, denn es ist damit zu rechnen, daß der Entwurf in absehbarer Zeit in der vorgelegten oder einer ähnlichen Fassung verabschiedet werden wird. Die durch die Einführung der paritätischen Mitbestimmung der Arbeitnehmer in Großunternehmen bewirkte Verschiebung der Kräfte kann auch für die Antwort auf die Gutachtenfrage ins Gewicht fallen.

### 3. Das geltende Arbeitskampfrecht

#### a) Streik und Aussperrung nach geltendem Recht

Die Begriffe des Arbeitskampfs und speziell des Streiks und der Aussperrung werden zwar in den geltenden Gesetzen an mehreren Stellen genannt[15], aber nirgends definiert oder bezüglich ihrer Voraussetzungen und Rechtsfolgen genauer geregelt. In der Literatur herrscht Einigkeit, daß jedes dieser Gesetze gemäß seinem eigenen Regelungszweck auszulegen ist, so daß sich aus ihnen keine verbindlichen allgemeinen Regeln ableiten lassen[16]. Für das gesetzlich nicht als solches geregelte Arbeitskampfrecht ist aus diesen Gründen die Rechtsprechung, namentlich des Bundesarbeitsgerichts, zur maßgeblichen Rechtsquelle

---

[13] Vgl. *Zöllner*, Aussperrung und arbeitskampfrechtliche Parität, 1974, S. 58.

[14] Gesetz über die Mitbestimmung der Arbeitnehmer, BT-Drucks. 7/2172 sowie Stenografischer Bericht der 110. Sitzung des 7. Deutschen Bundestags vom 20. Juni 1974, S. 7460 ff.

[15] Vgl. die Zusammenstellungen bei *Brox / Rüthers*, Arbeitskampfrecht 1965, S. 23, und *Lerche*, S. 11.

[16] Vgl. *Brox / Rüthers*, S. 26 ff.; *Lerche*, S. 12 m. w. N.

## 3. Das geltende Arbeitskampfrecht

geworden, an der sich auch die folgenden Überlegungen zu orientieren haben. Die bis heute die Richtung bestimmende Weiche hat der Große Senat des Bundesarbeitsgerichts in seinem bereits erwähnten Beschluß vom 28. 1. 1955[17] gestellt, in welchem er, entgegen der zuvor überwiegenden Ansicht, zur kollektivrechtlichen Betrachtungsweise von Streik und Aussperrung überging. Der Streik ist in dieser Sicht „die von einer größeren Anzahl von Arbeitnehmern planmäßig und gemeinschaftlich durchgeführte Arbeitseinstellung zur Erreichung eines bestimmten Zieles"[18]. Streiks sind nach den Ausführungen des Bundesarbeitsgerichts in der freiheitlichen sozialen Grundordnung der Deutschen Bundesrepublik zugelassen und daher in bestimmten Grenzen erlaubt[19]. Als kollektive Aktion unterliegen sie eigenen rechtlichen Regeln, sind also nicht nach den für das individuelle Arbeitsverhältnis geltenden Vorschriften zu beurteilen. Namentlich ist der Streik nicht als ein rechtswidriger Bruch des Arbeitsvertrags anzusehen; seine Rechtmäßigkeit setzt auch nicht die fristgemäße Kündigung des Arbeitsvertrags voraus[20]. Der Streik führt zur Unterbrechung (Suspendierung) der Arbeitsverhältnisse, d. h. sowohl die Arbeitsleistung wie die Pflicht zur Lohnzahlung ruhen. Nach seinem Ende wird das Arbeitsverhältnis fortgesetzt[21]. Nach *Nipperdey*[22] soll auch ein die Arbeitsverhältnisse lösender Streik zulässig sein, jedoch scheint das Bundesarbeitsgericht dieser Theorie nicht zu folgen[23], und in der Literatur ist die Frage heftig umstritten[24]. Regelmäßig entspricht der lösende Streik nicht dem

---

[17] BAGE 1, 291 = BAG AP Nr. 1 zu Art. 9 GG Arbeitskampf.
[18] So die Formulierung von *Söllner*, Arbeitsrecht, 4. Aufl., S. 71; vgl. auch *Brox / Rüthers*, S. 29. Enger definieren *Hueck / Nipperdey*, Arbeitsrecht, Bd. II/2, § 47 III 1, S. 892; *Nikisch*, Arbeitsrecht, Bd. 2, § 62 II 1, S. 84; *Tomandl*, Streik und Aussperrung als Mittel des Arbeitskampfs, Wien 1965, S. 16. Nach *Nipperdey* ist der Streik „die aufgrund eines Kampfbeschlusses der Arbeitnehmerseite erfolgende kollektive Arbeitseinstellung zu dem Zweck, mit Hilfe des dadurch ausgeübten Drucks eine freiwillig nicht zugestandene kollektivvertragliche Regelung zu erreichen oder abzuwehren". Auf die Definitionsunterschiede kommt es für das vorliegende Gutachten jedoch nicht an, weshalb sie hier auf sich beruhen können.
[19] BAGE 1, 300.
[20] BAGE 1, 301 ff., unter Bezugnahme vor allem auf *Bulla*, Das zweiseitig kollektive Wesen des Arbeitskampfs, Nipperdey-Festschrift 1955, S. 163 ff.
[21] BAGE 1, 305; 23, 292, 306 ff.
[22] Arbeitsrecht Bd. II 2, S. 936.
[23] In BAGE 23, 292, spricht es nur vom suspensiven Streik.
[24] Für eine lösende Wirkung vgl. z. B. *Nikisch*, § 62 III, 2 c, S. 98, § 66 I, 6, S. 162 ff.; *Galperin*, Aussperrung und Mutterschutz, RdA 59, 41 (43); *Grote*, Der Streik, Betr. 55, 199; *Isele*, Das suspendierende Arbeitsverhältnis, Festschrift für Molitor, 1962, S. 107 (112); *ders.*, Grundfragen der Aussperrung, JuS 64, 41 (44); *Mayer-Maly*, Anmerkung zu AP Nr. 31 und 36 zu Art. 9 GG Arbeitskampf; *Wiesemann*, Urabstimmung und sozialer Besitzstand nach dem Kündigungsschutzgesetz, RdA 61, 1 (7); *Siebrecht*, Das Recht im Arbeits-

Willen und den Interessen der streikenden Arbeitnehmer, da diese kaum Grund besitzen, ihren Arbeitsplatz endgültig aufzugeben. Ihrem Interesse wird dadurch genügt, daß ihnen ein Recht zugestanden wird, während der Dauer einer Aussperrung sich einzeln ohne Einhaltung der Kündigungsvoraussetzungen abzukehren und einen neuen Arbeitsplatz anzunehmen (Abkehrrecht). In der Rechtswirklichkeit spielt der lösende Streik jedenfalls keine Rolle. Da es für die Beurteilung der Gutachtenfrage nicht auf ihn ankommt, braucht das Problem hier nicht weiter verfolgt zu werden.

Für die Aussperrung gilt Entsprechendes. Sie ist, in Parallele zu der oben zitierten Definition des Streiks, die „von einem oder mehreren Arbeitgebern planmäßig vorgenommene Nichtzulassung einer Gruppe von Arbeitnehmern zur Dienstleistung unter Verweigerung der Lohnzahlung, um damit bestimmte Ziele zu erreichen"[25]. Auch die Aussperrung ist ein kollektiver Akt, selbst wenn ein einzelner Arbeitgeber aussperrt, weil durch sie die Arbeitnehmerseite kollektiv, d. h. als Gruppe und nicht als die Summe einer Vielzahl von Individuen getroffen wird[26]. Sie ist daher wie der Streik nur kollektivrechtlich angemessen zu erfassen, weshalb ihre Rechtmäßigkeit keine, sei es fristgerechte, sei es fristlose Kündigung der individuellen Arbeitsverhältnisse voraussetzt[27]. Die Aussperrung ist grundsätzlich rechtmäßig, da es „die Anerkennung des Arbeitskampfs, das Prinzip der Neutralität und der Gleichheitsgrundsatz des Art. 3 GG ... dem Staat, d. h. seiner Gesetzgebung, seiner Verwaltung und Rechtsprechung" verbieten, „die Kampfmittel der beiden Sozialpartner ungleichmäßig zu behandeln", das heißt, „der Grundsatz der Waffengleichheit, der Kampfparität" und „der Kampffreiheit, genauer der Freiheit der Wahl der Kampfmittel" gilt[28]. Die Aussperrung kann daher auch als erste Maßnahme im Arbeitskampf ergriffen werden (Angriffsaussperrung)[29]. Nach der Be-

---

kampf, 3. Aufl. 1964, S. 21 ff. Für eine bloß suspendierende Wirkung vgl. z. B. *Reuss*, Rechtsfolgen der Aussperrung, AuR 63, 225; *ders.*, Nochmals: Rechtsfolgen der Aussperrung, AuR 64, 97; *ders.*, Vertragsauflösende Arbeitskämpfe?, JZ 65, 233; *Ramm*, Der Arbeitskampf und die Gesellschaftsordnung des Grundgesetzes, 1965 (für gewerkschaftlichen Streik); *Söllner*, Arbeitsrecht, 4. Aufl., 1974, S. 94 ff. (differenzierend für die Aussperrung); *Rüthers*, Die Spannung zwischen individualrechtlichen und kollektivrechtlichen Wertungsstäben im Arbeitskampfrecht, AuR 67, 129 (134); *ders.*, Zur Beseitigung von Arbeitsverträgen durch Aussperrung, Betr. 69, 967.

[25] So die Formulierung von *Söllner*, S. 73; vgl. auch *Brox / Rüthers*, S. 34 ff. Wieder bringen *Hueck / Nipperdey*, S. 879 ff., *Tomandl*, S. 21, *Nikisch*, S. 93/94, eine engere Definition, die hier auf sich beruhen kann.

[26] BAGE 1, 309.

[27] BAGE 1, 309.

[28] BAGE 1, 308; 23, 308.

[29] BAGE 23, 308.

## 3. Das geltende Arbeitskampfrecht

trachtungsweise des Beschlusses von 1955 führt die Aussperrung je nach dem Willen der sie einsetzenden Arbeitgeber zur Suspendierung oder zur Lösung der von ihr betroffenen Arbeitsverhältnisse[30]. Diesen Standpunkt hat das Gericht aber im zweiten Grundsatzbeschluß zum Arbeitskampfrecht vom 21. 4. 1971[31] dahin modifiziert und eingeschränkt, daß zunächst regelmäßig nur die suspensive Aussperrung in Betracht kommt. Eine lösende Aussperrung kann dagegen nur noch unter erschwerten Umständen ausgesprochen werden, zum Beispiel wenn sich der Arbeitskampf auf seiten der Arbeitnehmer zu besonderer Intensität entwickelt, wenn der Arbeitgeber infolge von Rationalisierungsmaßnahmen während des Arbeitskampfs Arbeitsplätze einsparen kann, wenn er Arbeitsplätze anderweitig besetzt oder, mit Ausnahme ganz kurzer Arbeitsniederlegungen, als Abwehrmaßnahme gegenüber rechtswidrigen Streiks[32]. Die lösende Aussperrung beendet das Arbeitsverhältnis. Jedoch hat der Arbeitnehmer nach dem Schluß des Arbeitskampfs einen Anspruch auf Wiedereinstellung nach billigem Ermessen[33].

Die in den Grundsatzbeschlüssen des Bundesarbeitsgerichts aufgestellten Regeln deuten nur sehr allgemein an, wann Arbeitskämpfe rechtmäßig sind, ohne die Frage präzis zu beantworten. Im Beschluß von 1955 bediente sich das Gericht zur Abgrenzung des Gedankens der Sozialadäquanz, der von *Welzel* für das Strafrecht entwickelt wurde und den *Nipperdey* auf das Zivil- und Arbeitsrecht übertragen hatte[34]. Als sozialadäquat sah es einen Arbeitskampf an, der sich im Rahmen der allgemeinen sozialen Ordnung des menschlichen Zusammenlebens, z. B. des Leistungswettbewerbs, der üblichen Freiheitsbeschränkungen im Rahmen des modernen Verkehrs usw. bewegt oder, in einer anderen Formulierung, innerhalb „der geschichtlich gewordenen sozialethischen Ordnungen des Gemeinschaftslebens" verbleibt[35]. Auffallenderweise kehrt der Gedanke der Sozialadäquanz im Beschluß von 1971 nicht

---

[30] BAGE 1, 310 ff.
[31] BAGE 23, 292 = AP Nr. 43 zu Art. 9 GG Arbeitskampf.
[32] BAGE 23, 311, 313 ff.
[33] BAGE 23, 292, 317.
[34] BAGE 1, 300. *Welzel*, Das deutsche Strafrecht, 11. Aufl. 1969, S. 55 ff.; ders., Studien zum System des Strafrechts, ZgesStrafRW 58, 515; *Enneccerus / Nipperdey*, Allgemeiner Teil des bürgerlichen Rechts, 15. Aufl., 2. Halbband, 1960, § 209, S. 1277 ff.; *Nipperdey*, Rechtswidrigkeit, Sozialadäquanz, Fahrlässigkeit, Schuld im Zivilrecht, NJW 57, 1777; ders., Die Ersatzansprüche für Schäden, die durch den von den Gewerkschaften gegen das geplante Betriebsverfassungsgesetz geführten Zeitungsstreik vom 27. - 29. Mai 1952 entstanden sind, Schriftenreihe der BDA Heft 9, 1953.
[35] BAGE 1, 306.

wieder, allerdings ohne daß er ausdrücklich aufgegeben wurde[36]. Statt dessen schlägt das Gericht nunmehr eine etwas andere Richtung ein, indem es den aus dem Verfassungsrecht geläufigen Begriff der Verhältnismäßigkeit heranzieht. In dem Beschluß heißt es:

> „Arbeitskämpfe müssen zwar nach unserem freiheitlichen Tarifvertragssystem möglich sein, um Interessenkonflikte über Arbeits- und Wirtschaftsbedingungen im äußersten Fall austragen und ausgleichen zu können. In unserer verflochtenen und wechselseitig abhängigen Gesellschaft berühren aber Streik wie Aussperrung nicht nur die am Arbeitskampf unmittelbar Beteiligten, sondern auch Nichtstreikende und sonstige Dritte sowie die Allgemeinheit vielfach nachhaltig. Arbeitskämpfe müssen deshalb unter dem obersten Gebot der Verhältnismäßigkeit stehen. Dabei sind die wirtschaftlichen Gegebenheiten zu berücksichtigen, und das Gemeinwohl darf nicht offensichtlich verletzt werden[37]."

Anschließend präzisiert das Gericht die Relevanz des Verhältnismäßigkeitsprinzips für den Arbeitskampf in drei Punkten: a) Arbeitskämpfe sind nur insoweit zulässig, als sie zur Erreichung rechtmäßiger Kampfziele und des nachfolgenden Arbeitsfriedens geeignet und sachlich erforderlich sind. Jede Arbeitskampfmaßnahme kommt nur als ultima ratio in Betracht, wenn alle Möglichkeiten einer friedlichen Verständigung ausgeschöpft sind. Namentlich hat ein Schlichtungsverfahren vorherzugehen; b) die Mittel des Arbeitskampfes dürfen ihrer Art nach nicht über das Maß hinausgehen, das zur Durchsetzung des erstrebten Zieles jeweils erforderlich ist; der Arbeitskampf ist nur rechtmäßig, wenn und solange er nach den Regeln des fairen Kampfes geführt wird. Er darf nicht auf die Vernichtung des Gegners abzielen, sondern hat den gestörten Arbeitsfrieden wiederherzustellen; c) nach Beendigung des Arbeitskampfes müssen beide Parteien dazu beitragen, daß der Arbeitsfriede so bald wie möglich und in größtmöglichem Umfang wiederhergestellt wird[38].

---

[36] *Meyer*, Von der „sozialen Adäquanz" zur „Verhältnismäßigkeit der Kampfmaßnahmen", ZRP 74, 253 (254).

[37] BAGE 23, 306. Vgl. dazu *Däubler*, Die unverhältnismäßige Aussperrung — BAG (GS) AP, Art. 9 GG Arbeitskampf Nr. 43, JuS 72, 642; *Löwisch*, Das Übermaßverbot im Arbeitskampfrecht — Bemerkungen zum Beschluß des Großen Senats des Bundesarbeitsgerichts vom 21. 4. 1971, ZfA 71, 319; *Reuß*, Das neue Arbeitskampfrecht, AuR 71, 353; *Reuter*, Nochmals: Die unverhältnismäßige Aussperrung — BAG (GS) AP, Art. 9 GG Arbeitskampf Nr. 43, JuS 73, 284; *Richardi*, Urteilsanmerkung, SAE 72, 10; *Scheuner*, Verfassungsrechtliche Gesichtspunkte zu der Fortbildung des Arbeitskampfrechts im Beschluß des Großen Senats vom 21. April 1971, RdA 71, 327; *Säcker*, Zu den rechtspolitischen Grundlagen der Arbeitskampf-Entscheidungen des Bundesarbeitsgerichts vom 21. April und 26. Oktober 1971, GMH 1972, 287; *Musa*, Zur Rechtfertigung der Aussperrung, RdA 1971, 346.

[38] BAGE 23, 306 f.

## 3. Das geltende Arbeitskampfrecht

### b) Rechtliche Schranken von Arbeitskampfmaßnahmen

Die dargestellten Regeln werden ergänzt durch eine Reihe von Urteilen, welche für die Zulässigkeit von Arbeitskampfmaßnahmen konkrete Schranken setzen. Mehrfach sprach das Gericht aus, daß nur von tariffähigen Parteien (d. h. Gewerkschaften, Arbeitgeberverbänden und einzelnen Arbeitgebern) organisierte oder wenigstens übernommene Arbeitskämpfe rechtmäßig sind, nicht hingegen namentlich die sogenannten wilden Streiks[39]. Unzulässig sind ferner alle Arbeitskämpfe, die nicht um tariflich regelbare Ziele geführt werden[40], vor allem politische Streiks und Aussperrungen[41]. Weiterhin dürfen Arbeitskämpfe nicht gegen tarifvertragliche Friedenspflichten verstoßen, wobei das Bundesarbeitsgericht in seinem — in der Literatur weithin auf Ablehnung gestoßenen —[42] Urteil zum schleswig-holsteinischen Metallarbeiterstreik einen Verstoß gegen die Friedenspflicht schon in jeder Maßnahme erblickt, die den Vertragspartner bewußt und gewollt unter den unmittelbaren Druck eingeleiteter Arbeitskämpfe setzt[43]. Es liegt auf der Hand, daß diese Entscheidungen keinen abschließenden Katalog der Zulässigkeitsvoraussetzungen von Arbeitskämpfen und einzelnen Arbeitskampfmaßnahmen enthalten, da das Gericht nur die Fälle entscheidet, die ihm vorgelegt werden. In der Wissenschaft existiert ein ausgefeiltes System von Zulässigkeitsvoraussetzungen, dessen Einzelheiten zum Teil zwar ungesichert und zweifelhaft sind, das aber als Orientierungsrichtlinie dienen kann. Danach sind, in der Aufzählung von *Lerche*[44], folgende Formen des Arbeitskampfes rechtswidrig:

1. der strafrechtswidrige Arbeitskampf;
2. der deliktische, d. h. der unter den Tatbestand der §§ 823 ff. BGB fallende und nicht gerechtfertigte Arbeitskampf;
3. der tarifwidrige, d. h. der gegen den Vertragsinhalt eines bestehenden Tarifvertrages (Friedenspflicht) verstoßende Arbeitskampf;
4. der betriebsverfassungswidrige Arbeitskampf;
5. der verbandswidrige, d. h. der gegen interne Verbandspflichten der Mitglieder verstoßende Arbeitskampf;

---

[39] BAGE 15, 174 = AP Nr. 32 zu Art. 9 GG Arbeitskampf; BAGE 22, 162 = Nr. 41 zu Art. 9 GG Arbeitskampf; BAGE 23, 314 = Nr. 43 zu Art. 9 GG Arbeitskampf.
[40] BAGE 1, 292, 300; 2, 75 (77); 23, 292 (304), ständige Rechtsprechung.
[41] BGHZ 14, 347, 354 ff.; *Kaiser*, Der politische Streik, 2. Aufl. 1959.
[42] *Hamann*, Gewerkschaften und Sozialstaatsprinzip, 1960, S. 67 ff.; *Ramm*, Kampfmaßnahme und Friedenspflicht im deutschen Recht, 1962, S. 31 ff., 61 ff.; *ders.*, Die Freiheit der Willensbildung, 1960, S. 84 ff.; *Wengler*, Die Kampfmaßnahme im Arbeitsrecht, 1960, S. 3 ff.; *Brox / Rüthers*, S. 67 ff.
[43] BAGE 6, 321 = AP Nr. 2 zu § 1 TVG Friedenspflicht.
[44] Verfassungsrechtliche Zentralfragen, S. 21 ff.

6. der arbeitsvertragswidrige, d. h. der gegen die Rechte und Pflichten des einzelnen Arbeitsvertrags verstoßende Arbeitskampf;
7. der ruinöse, d. h. derjenige Arbeitskampf, der geeignet ist, die wirtschaftliche Existenz des Kampfgegners zu zerstören;
8. der daseinsgefährdende, d. h. derjenige Arbeitskampf, der geeignet ist, die öffentliche Sicherheit und Ordnung durch eine aktuelle Gefährdung der existentiellen Versorgungsinteressen zu stören;
9. der spezifisch politische Arbeitskampf;
10. der amtswidrige Arbeitskampf;
11. der nicht erforderliche oder nicht verhältnismäßige, d. h. derjenige Arbeitskampf, der sich, gemessen an den von ihm verursachten volkswirtschaftlichen Schäden etc., nicht als ultima ratio einer angemessenen Interessenverfolgung darstellt.

Zu der an dieser Stelle notwendigen Orientierung genügt es, die Fälle anzuführen, während ihre kritische Würdigung der arbeitsrechtlichen Literatur überlassen bleiben kann[45].

### c) Flankierende Vorstellungen und Regeln

Der Funktionsmechanismus des Arbeitskampfrechtssystems wäre unvollständig wiedergegeben, wenn nicht auch die flankierenden Vorstellungen und Regeln erwähnt würden, welche für die Würdigung ins Gewicht fallen. Zunächst ist hervorzuheben, daß das Bundesarbeitsgericht den Arbeitskampf von vornherein mit einem negativen Akzent versieht, indem es ausführt, Streik und Aussperrung seien „im allgemeinen unerwünscht, da sie volkswirtschaftliche Schäden mit sich bringen und den im Interesse der Gesamtheit liegenden sozialen Frieden beeinträchtigen"[46]. Zu erwähnen ist ferner die Behandlung der Massenänderungskündigung durch das Gericht. Während es die gleichzeitige und gleichartige Änderungskündigung einer Mehrzahl von Arbeitnehmern mit der Absicht, den Arbeitgeber zur Zahlung höherer Löhne zu veranlassen, als kollektive Maßnahme, d. h. als Streik ansieht[47], begriff es eine vom Arbeitgeber ausgehende Massenänderungskündigung nicht als kollektiv-, sondern als individualrechtlichen Akt, der nach den Regeln des Arbeitsvertragsrechts zu beurteilen ist[48]. In der Literatur

---

[45] Vgl. z. B. *Hueck / Nipperdey,* §§ 48 - 50, S. 977 ff.; *Nikisch,* § 65, S. 132 ff.; *Brox / Rüthers,* §§ 3 - 11, S. 51 ff.; *Dietz,* Grundfragen des Streikrechts, JuS 68, 1; *Siebrecht,* Das Recht im Arbeitskampf, 3. Aufl. 1964, S. 63 ff.

[46] BAGE 1, 300.

[47] BAG AP Nr. 37 zu Art. 9 GG Arbeitskampf; BAGE 15, 174 = AP Nr. 32 zu Art. 9 GG Arbeitskampf.

[48] BAGE 1, 291 (313); 3, 266 (269 ff.) = AP Nr. 4 zu § 56 BetrVG; BAG AP Nr. 37 zu Art. 9 GG Arbeitskampf.

## 3. Das geltende Arbeitskampfrecht

wurde mehrfach gerügt, darin liege eine nicht gerechtfertigte Ungleichbehandlung der Sozialpartner[49]. Einen weiteren für die Ausgewogenheit des Arbeitskampfsystems wichtigen Faktor bildet ferner die Betriebsrisikolehre. Danach ist der Arbeitgeber auch eines nur mittelbar von einem Arbeitskampf betroffenen Unternehmens von der Pflicht, den Lohn zu zahlen, befreit, sofern er infolge des Arbeitskampfs außerstande ist, den Arbeitnehmer sinnvoll zu beschäftigen[50]. Nicht zuletzt sind in diesem Zusammenhang schließlich die Vorschriften zu erwähnen, welche die Neutralität des Staats gegenüber den Sozialpartnern im Arbeitskampf gewährleisten sollen. Nach § 25 des Kündigungsschutzgesetzes n. F. finden die Vorschriften dieses Gesetzes keine Anwendung auf Kündigungen und Entlassungen, die lediglich als Maßnahmen in wirtschaftlichen Kämpfen zwischen Arbeitgebern und Arbeitnehmern vorgenommen werden[51]. § 116 des Arbeitsförderungsgesetzes vom 2. 12. 1971 bestimmt, daß nicht durch die Gewährung von Arbeitslosengeld in Arbeitskämpfe eingegriffen werden darf und gibt dazu eine Reihe von näheren Anweisungen[52].

---

[49] *Weller*, AuR 1967, S. 76; *Rüthers*, SAE 1967, 47, und AuR 1967, S. 135; *Söllner*, S. 74; für die Gegenmeinung *Zöllner*, RdA 1969, S. 250 m. w. N.
[50] RGZ 106, 272; RAG ArbR Sammlung, 3, 116; 7, 467; BAGE 3, 346, = AP Nr. 2 zu § 615 BGB Betriebsrisiko, ständige Rechtsprechung.
[51] Vgl. hierzu *Hueck / Hueck*, Kündigungsschutzgesetz, 9. Aufl. 1974, Kommentierung zu § 25; *Maus*, Kündigungsschutzgesetz, 1973, Kommentierung zu § 25; *Hueck / Nipperdey*, § 47 VI, 3 e, S. 952 ff.; *Säcker*, Arbeitskampf und Arbeitsplatzrisiko, Betr. 69, 1890; *Brox / Rüthers*, § 8 A I 2, S. 121.
[52] Dazu *Säcker*, Gruppenparität und Staatsneutralität als verfassungsrechtliche Grundprinzipien des Arbeitskampfrechts, 1974; *Jülicher*, Die Neutralität der Bundesanstalt für Arbeit bei Arbeitskämpfen, Betr. 73, 720, 770; *Löwisch / Krauß*, Arbeitslosengeld und Arbeitskampf, RdA 73, 22; *dies.*, Die Neutralitätsverpflichtung der Bundesanstalt für Arbeit (BfA) bei Arbeitskämpfen (§ 116 AFG), RdA 72, 73; *Möller / Lücking*, Arbeitskampf und Neutralitätspflicht der Bundesanstalt für Arbeit; *ders.*, Arbeitskampf und Arbeitslosengeld, AuR 73, 295; *Muhr*, Arbeitskampf, Verwirklichung des Sozialstaatsauftrags und Neutralität der Bundesanstalt für Arbeit; zu § 116 AFG, RdA 73, 9; *Radke*, Arbeitskampf und Neutralitätspflicht der Bundesanstalt für Arbeit, RdA 73, 14.

## II. Die Rechtslage nach Wortlaut und Entstehungsgeschichte des Grundgesetzes

### 1. Der verfassungsrechtliche Ort des Problems

Jede Interpretation des Art. 9 Abs. 3 GG hat dem Umstand Rechnung zu tragen, daß das Grundrecht nach seinem Wortlaut nur die Freiheit gewährt, Vereinigungen zur Wahrung und Förderung der Arbeits- und Wirtschaftsbedingungen zu bilden, dagegen die Existenz und die Betätigung der Koalitionen selbst und namentlich den Arbeitskampf nicht ausdrücklich garantiert. Die ältere Lehre hatte daraus gefolgert, daß ein verfassungskräftiger Schutz von Streik und Aussperrung überhaupt nicht besteht oder doch nur in den engen Grenzen anzuerkennen ist, in denen die natürliche allgemeine Handlungsfreiheit nach Art. 2 Abs. 1 GG geschützt wird[1]. Die Ansicht kann indessen als überholt gelten. Nach der heute in der Literatur überwiegenden Meinung sind der Bestand der Koalitionen und ihre Betätigung so unauflöslich mit dem Recht verknüpft, Koalitionen zu bilden, daß es sinnwidrig wäre, beiden Aspekten des Koalitionswesens im Grundgesetz einen unterschiedlichen Ort zuzuweisen[2]. Auch die vom *Bundesverfassungsgericht* in mehreren Entscheidungen zur Exegese des Art. 9 Abs. 3 GG entwickelte Konzeption schließt dies aus[3]. In einem, wenngleich nicht uneingeschränkt beweiskräftigen, obiter dictum hat das Gericht ein Recht zum Arbeitskampf angenommen, welches nach Art. 9 Abs. 3 GG

---

[1] *Bulla*, Das zweiseitige kollektive Wesen des Arbeitskampfes, Festschrift für Nipperdey, 1955, S. 163 (166); *Forsthoff*, Die politischen Streikaktionen des DGB, Rechtsgutachten, 1952, S. 11; *Hamann*, Das Grundgesetz, 2. Aufl. 1960, Art. 9 Anm. 9; *Krüger*, Streik und Aussperrung als Rechtfertigung des Arbeitsvertragsbruchs, BB 55, 613; *Hueck / Nipperdey*, Arbeitsrecht, Band II/1, 7. Aufl. 1967, § 9 IV, 2, S. 148; *Huber*, Wirtschaftsverwaltungsrecht II, 2. Aufl. 1954, S. 393, 414.

[2] Vgl. *Scholz*, Das Grundrecht der Koalitionsfreiheit, 1971, S. 60; *Lerche*, Verfassungsrechtliche Zentralfragen des Arbeitskampfes, 1968, S. 42 ff.; *Brox / Rüthers*, S. 41 ff.; *Isensee*, Beamtenstreik, 1971, S. 23 ff.; *Evers*, Arbeitskampffreiheit, Neutralität, Waffengleichheit und Aussperrung, 1969, S. 16 ff.; *Säcker*, Grundprobleme der kollektiven Koalitionsfreiheit, 1969, S .81 ff.; *Hueck / Nipperdey*, Arbeitsrecht, Bd. II/2, 7. Aufl. 1967, § 47 I, 2, S. 914 ff.; *Söllner*, Arbeitsrecht, 4. Aufl. 1974, S. 77.

[3] Vgl. BVerfGE 4, 96 (106); 18, 18 (33); 19, 303 (314); 20, 312 (319). Im Einzelnen siehe unten Abschn. III 5.

geschützt ist[4]. Darüber hinaus hat es in seinem ersten unmittelbar einschlägigen Beschluß vom 19. 2. 1975[4a], der die Aussperrung von Betriebsratsmitgliedern behandelt, ausschließlich Art. 9 Abs. 3 GG als Rechtsgrundlage zur verfassungsrechtlichen Beurteilung von Arbeitskampfmaßnahmen herangezogen und damit zu erkennen gegeben, daß es nicht auf Art. 2 Abs. 1 GG zurückgreifen will. Diese Auslegung wird ferner unterstützt durch den im Zuge der Notstandsgesetzgebung angefügten Art. 9 Abs. 3 Satz 3 GG, der den Begriff des Arbeitskampfs erstmals in das Grundgesetz einführt. Indem die Vorschrift bestimmt, daß sich Notstandsmaßnahmen nicht gegen Arbeitskämpfe richten dürfen, lokalisiert sie den Arbeitskampf unzweifelhaft im Geltungsbereich der Koalitionsfreiheit[5]. *Es ist daher festzuhalten, daß heute Art. 9 Abs. 3 GG als sedes materiae anzusehen ist.*

## 2. Folgerungen aus dem Wortlaut des Art. 9 Abs. 3 GG

Die Auskunft hilft nun allerdings kaum weiter, da der Wortlaut des Art. 9 Abs. 3 GG für die Antwort auf die Gutachtenfrage, wieweit das Grundgesetz die Aussperrung garantiert, unmittelbar nichts hergibt. In seiner ursprünglichen Fassung enthielt die Vorschrift, wie bereits erwähnt, überhaupt keinen Hinweis auf den Arbeitskampf, der als Anknüpfungspunkt für eine vom Text ausgehende Interpretation in Betracht gekommen wäre. Aber auch der nachträglich eingefügte Satz 3 bietet für die Exegese nur schwankenden Grund, denn nach ihrem Wortsinn sagt die Vorschrift über die Zulässigkeit von Arbeitskämpfen nichts aus, sondern begnügt sich damit, eine Regelung für den Notstandsfall zu treffen. Zwar nimmt sie die Existenz von Arbeitskämpfen sozusagen zur Kenntnis, regelt diese aber nicht, sondern setzt das für den Normalfall geltende Arbeitskampfrecht gerade voraus, ja läßt sogar die Möglichkeit offen, daß ein Arbeitskampfrecht oder jedenfalls eine verfassungsrechtliche Garantie des Arbeitskampfs überhaupt nicht existiert. *Das Fazit ist demnach unausweichlich, daß der Wortlaut des Art. 9 Abs. 3 GG keine brauchbaren Hinweise auf die Lösung des Problems birgt,* die Antwort vielmehr nur auf dem Weg über eine historische, systematische und teleologische Interpretation zu finden

---

[4] In BVerfGE 18, 18 (33) heißt es im Zusammenhang mit der Prüfung des Art. 9 Abs. 3 GG: „Das Recht zum Arbeitskampf schließt nicht die Pflicht zur Kampfbereitschaft."

[4a] DB 1975, S. 792 f.

[5] Damit ist nicht gesagt, daß Art. 9 Abs. 3 Satz 3 GG dem Arbeitskampf und seinen Erscheinungsformen des Streiks und der Aussperrung einen selbständigen grundgesetzlichen Schutz gewährt. Dazu siehe unten Abschn. II 4.

sein wird[6]. Immerhin darf ein formaler Befund nicht ganz unbeachtet bleiben. Es fällt auf, daß das Grundrecht der Koalitionsfreiheit nach der Formulierung des Verfassungsgebers in betonter Allgemeinheit jedermann und allen Berufen zusteht, das Grundgesetz also keinerlei Differenzierung zwischen den Sozialpartnern kennt, sondern sie im Gegenteil gleich, in einer auf Symmetrie und Äquivalenz der rechtlichen Regelung angelegten Weise behandelt. Die gesetzliche Bevorzugung einer Seite, sei es der Arbeitgeber, sei es der Arbeitnehmer und Gewerkschaften, findet im Text der Verfassung keine Stütze. Dieselbe Struktur wiederholt sich in Art. 9 Abs. 3 Satz 3 GG, der in der gleichen Neutralität allgemein von Arbeitskämpfen redet, ohne zwischen Streik und Aussperrung bzw. anderen Kampfmitteln zu unterscheiden. *Die zweimal gebrauchte und unmißverständliche Wendung zwingt dazu, den Koalitionen den Schutz des Grundgesetzes gleichmäßig zukommen zu lassen, und liefert deshalb eine wichtige Richtlinie für die Interpretation.* Es wird genau zu prüfen sein, wie sich dieses Gleichbehandlungsgebot auf den Schutz der Aussperrung auswirkt[7].

### 3. Folgerungen aus der Entstehungsgeschichte des Art. 9 Abs. 3 GG

Die aus dem Wortlaut des Art. 9 Abs. 3 GG gewonnenen Ergebnisse werden allerdings durch die Entstehungsgeschichte in gewissem Ausmaß relativiert. Die Vorschrift stimmt in ihrer gedanklichen Substanz mit Art. 159 der Weimarer Reichsverfassung überein und übernimmt im Kern auch dessen Wortlaut. Die Väter des Grundgesetzes haben, wie sich aus den Materialien ergibt, bewußt an diese Tradition angeknüpft[8]. In der Weimarer Zeit waren nun aber das Streikrecht und das Recht zur Aussperrung nach allgemeiner Meinung verfassungsrechtlich nicht garantiert[9]. In bewußter Abkehr von diesem Rechtszustand

---

[6] Zur Methode der Verfassungsinterpretation vgl. BVerfGE 1, 117; 1, 396; 2, 266; 3, 58; 4, 219; 6, 55; 9, 124 (128); 18, 112, u. a.; ferner *Leibholz / Rinck*, Grundgesetz, 4. Aufl., Einführung, Rdnr. 7 ff., S. 7 ff.; *Schneider / Ehmke*, Prinzipien der Verfassungsinterpretation, VVdStL Band 20 (1963), S. 1, 53; *Leisner*, Betrachtungen zur Verfassungsauslegung, DÖV 1961, 641; *H. Krüger*, Verfassungsänderung und Verfassungsauslegung, DÖV 1961, 721; *ders.*, Verfassungsauslegung aus dem Willen des Gesetzgebers, DVBL 1961, 685; *Forsthoff*, Zur Problematik der Verfassungsauslegung, 1961; *Graf von Pestalozza*, Kritische Bemerkungen zu Methoden und Prinzipien der Grundrechtsauslegung in der BRD, in: Der Staat, Jg. 2 (1963), S. 426; *Ramm*, Der Arbeitskampf und die Gesellschaftsordnung des Grundgesetzes, 1965, S. 89 ff.; *Schröder*, Entstehungsgeschichtliche Auslegung des Grundgesetzes nach 25 Jahren?, JA 1974, S. 543.

[7] Siehe unten Abschn. IV 3 und 4.

[8] So namentlich die Ausführungen des Abgeordneten *Zinn* im Grundsatzausschuß des Parlamentarischen Rats, 6. Sitzung vom 5. 10. 1948, Stenografische Protokolle, S. 24.

### 3. Folgerungen aus der Entstehungsgeschichte des Art. 9 Abs. 3 GG

glaubte der Grundsatzausschuß des Parlamentarischen Rats, nunmehr auf die Anerkennung des Streikrechts nicht mehr verzichten zu sollen, zumal es auch bereits in einigen Landesverfassungen verankert war. Er schlug vor, der Koalitionsgarantie einen Absatz 4 anzufügen, der folgenden Wortlaut haben sollte:

„Das Streikrecht wird im Rahmen der Gesetze anerkannt[10]."

Der Vorschlag gelangte in der Fassung:

„Das Recht der gemeinschaftlichen Arbeitseinstellung zur Wahrung und Förderung der Arbeits- und Wirtschaftsbedingungen wird anerkannt. Seine Ausübung wird durch Gesetz geregelt."

an den Hauptausschuß des Parlamentarischen Rats[11]. Von Aussperrungen war in beiden Formulierungen nicht die Rede. Im Hauptausschuß wurde zunächst Art. 9 Abs. 3 Satz 1 GG in seiner heutigen Fassung ohne weitere Diskussion bei einer einzigen Gegenstimme des Abgeordneten *Renner* (KPD) angenommen[12]. Eine anschließende Bemerkung von *Renner*: „Dann haben wir auch richtig die Unternehmerverbände wieder" und der darauf bezügliche Zwischenruf des Abgeordneten Dr. *Heuss*: „Ja, ganz klar." bestätigen, daß man die Koalitionsfreiheit bewußt und generell auch der Arbeitgeberseite zugestehen wollte. Dasselbe geht auch aus einer wenig später gemachten Äußerung von Dr. *Heuss* hervor: „Es handelt sich hier um Verbände aller Art, auch um Arbeitgeberverbände[13]."

In der Debatte um den vorgeschlagenen Absatz 4 führte dann aber zunächst der Abgeordnete *Kaufmann* (CDU) aus, er sehe nicht ein, warum der Begriff des Streiks als ein international gebräuchlicher Begriff in dem Entwurf in einer Weise umschrieben werde, die seiner Ansicht nach zweideutig sei. Er bemängelte ferner, daß die Vorschrift in der vorgesehenen Form weder den politischen Streik noch den Beamtenstreik ausschließe, die nicht in eine grundgesetzliche Garantie des Streiks einbezogen werden dürften. Kaufmann schlug folgende Fassung vor: „Das Recht des Streiks zur Wahrung und Förderung der Arbeits- und Wirtschaftsbedingungen wird anerkannt. Seine Ausübung wird durch Gesetz geregelt. Politische Streiks zur Bekämpfung beste-

---

[9] Vgl. *Sinzheimer*, Berichte und Protokolle des 8. Ausschusses über den Entwurf einer Verfassung des Deutschen Reichs, 1920, S. 389 f.; *Anschütz*, Die Verfassung des Deutschen Reiches vom 11. 8. 1919, 14. Aufl. 1933, S. 733 m. w. N.; *Groh*, Koalitionsrecht, 1923, S. 26 ff., 49 ff.

[10] Vgl. Grundsatzausschuß, Drucksache Nr. 143 vom 7. 10. 1948; ferner die Darstellung der Entstehungsgeschichte im Jahrbuch des Öffentlichen Rechts der Gegenwart, N. F., Bd. 1 (1951), S. 116 ff.

[11] Verhandlungen des Hauptausschusses, 17. Sitzung (3. 12. 1948), S. 210.

[12] S. 210.

[13] S. 211.

hender Rechtsordnungen sowie Streiks von Beamten und Angestellten des öffentlichen Dienstes sind verboten[14]."

Im folgenden entspann sich über die Behandlung des politischen Streiks und des Beamtenstreiks eine längere Debatte. Schließlich faßte der Ausschuß den Beschluß, den Absatz 4 an den Grundsatzausschuß zurückzuverweisen, da die Fragen sich als noch nicht genügend geklärt herausgestellt hätten[15]. Immerhin läßt sich aus der Diskussion entnehmen, daß die Anerkennung des arbeitsrechtlichen Streiks im Grundgesetz von keinem Redner in Zweifel gezogen wurde, der Ausschuß vielmehr offenkundig bereit war, einen solchen Schritt zu vollziehen[16]. Er scheiterte nur an der Uneinigkeit über die Reichweite, welche die grundgesetzliche Garantie des Streiks erhalten sollte, und über die Behandlung des Beamtenstreiks und des politischen Streiks.

Von der Aussperrung ist dagegen auch bei all diesen Beratungen kaum die Rede. Im Grundsatzausschuß hatte der Abgeordnete *Renner* (KPD) den Antrag gestellt, die Aussperrung zu verbieten, der aber abgelehnt wurde. In den Verhandlungen des Hauptausschusses wurde die Frage dann nur noch gestreift, ohne daß sie zum Gegenstand selbständiger Überlegungen gemacht worden wäre. Der Abgeordnete Renner widersprach dem Antrag des Abgeordneten Kaufmann, anstelle von „gemeinschaftlicher Arbeitseinstellung" von „Streik" zu reden, weil es noch andere Kampfmethoden der Arbeitnehmer gebe[17], worauf Kaufmann antwortete, er habe den Begriff Streik deshalb vorgeschlagen, weil „mit Arbeitseinstellung auch die Arbeitseinstellung der Unternehmer, also die Aussperrung gemeint sein" könne, die für die öffentliche Ordnung gefährlich werden könne. Die Äußerungen gestatten es aber nicht, ein Bild von der Meinung nachzuzeichnen, die im Hauptausschuß hinsichtlich der Aussperrung herrschte. Deutlich ist nur, daß weder ein ausdrücklicher Grundrechtsschutz für sie beantragt wurde noch ein Verbot, daß aber die Ablehnung des vom Abgeordneten Renner im Grundsatzausschuß beantragten Verbots im Hauptausschuß noch gegenwärtig war. Soweit sich — mit aller gebotenen Vorsicht — aus den Beratungen überhaupt Schlüsse ziehen lassen, wird man daher festhalten können, daß der Ausschuß die Anerkennung des Streiks im Grundgesetz im Sinne hatte, hinsichtlich der Aussperrung aber von einer Anerkennung nicht die Rede war, sondern allenfalls davon, daß

---

[14] S. 211.
[15] S. 214.
[16] Vgl. dazu auch noch die Ausführungen von Dr. *Greve* (SPD): „Niemand von uns behauptet, daß das Recht des Streiks zur Wahrung und Förderung der Arbeits- und Wirtschaftsbedingungen etwa nicht gewährleistet sein soll", und den anschließenden Zwischenruf von Dr. *Laforet* (CSU): „Selbstverständlich", S. 213.
[17] S. 212.

sie nicht verboten werden solle. Eine Gleichbehandlung der Sozialpartner wurde in dieser Frage nicht für notwendig erachtet, vielmehr wurde allein die Arbeitnehmerseite als des besonderen grundrechtlichen Schutzes bedürftig angesehen.

Im endgültigen Text des Grundgesetzes hat sich die ganze Debatte dann freilich nicht niedergeschlagen. Der Hauptausschuß einigte sich in der folgenden Sitzung darauf, den vorgesehenen Absatz 4 des Art. 9 ganz zu streichen. Angesichts der Diskussion über den politischen Streik und den Beamtenstreik befürchtete man, in eine Kasuistik hineinzugeraten, die in der Verfassung fehl am Platze wäre; doch wurde die in der Debatte zum Ausdruck gekommene grundsätzliche Anerkennung des Streikrechts nicht revidiert. Im Gegenteil behielt man sich vor, die Frage in der zweiten Lesung noch einmal zu erörtern[18], wozu es jedoch nicht kam[19]. So muß es letztlich dabei bleiben, daß das Grundgesetz den Fragenkomplex selbst nicht ausdrücklich regelt. Den einzigen, allerdings schwerwiegenden Hinweis enthält die im Wortlaut des Art. 9 Abs. 3 Satz 1 GG zum Ausdruck kommende Gleichbehandlung der Arbeitgeber und Arbeitnehmer, die sich gegenüber dem Gesetzgeber, der das Koalitions- und Tarifvertragswesen ordnet, in einem Verbot ungerechtfertigt unterschiedlicher Behandlung verdichtet[20]. Gerade der Gleichbehandlungsgrundsatz wird durch die Entstehungsgeschichte aber wenn auch nicht aufgehoben, so doch in gewissem Ausmaß relativiert in dem Sinn, daß zweifelhaft ist, ob er sich auch auf Arbeitskampfmaßnahmen erstreckt.

Im übrigen vermittelt die Entstehungsgeschichte nicht mehr als Anhaltspunkte für das Spektrum der Argumente, die für die Interpretation relevant sind.

## 4. Die Bedeutung der „Notstandsnovelle" Art. 9 Abs. 3 Satz 3 GG

Die Entstehungsgeschichte des im Zuge der Notstandsgesetzgebung eingefügten Art. 9 Abs. 3 Satz 3 GG verändert die Perspektiven nur unwesentlich. Schon der Entwurf der Bundesregierung sieht in dem dem heutigen Art. 9 Abs. 3 Satz 3 GG entsprechenden Art. 91 Abs. 4 eine bezüglich Streiks und Aussperrungen neutrale Fassung vor, wenn es dort wie im endgültigen Text heißt, Notstandsmaßnahmen dürften sich nicht auf „Arbeitskämpfe, die zur Wahrung und Förderung der Arbeits- und Wirtschaftsbedingungen" geführt werden, beziehen[21]. In

---

[18] Vgl. Bericht von der 18. Sitzung (4. 12. 1948), S. 215.
[19] Vgl. Beratungen der 44. Sitzung (19. 1. 1949), S. 572.
[20] Siehe schon oben Abschn. II 3.
[21] BT-Drucks. V/1879, S. 3.

der Begründung heißt es dazu, abgesehen von der Notstandsregelung bleibe es bei der derzeitigen Verfassungsrechtslage, die nach Auffassung der Bundesregierung in Art. 9 Abs. 3 GG grundsätzlich die Freiheit des Arbeitskampfs zur Wahrung und Förderung der Arbeits- und Wirtschaftsbedingungen mit gewährleiste[22]. Ähnlich lautet der vom Abgeordneten Dr. *Lenz* (CDU/CSU) verfaßte schriftliche Bericht des Rechtsausschusses:

> „Der in Art. 9 Abs. 3 anzufügende Satz 3 soll Arbeitskämpfe vor einer Beeinträchtigung durch mißbräuchliche Anwendung von Notstandssondervollmachten schützen. Der Ausschuß verfolgt mit der Änderung nicht die Absicht, hinsichtlich der allgemeinen verfassungsrechtlichen Beurteilung der Zulässigkeit von Arbeitskämpfen an dem geltenden Rechtszustand etwas zu ändern.
> Der Ausschuß hat auch geprüft, ob im Rahmen der Garantie des Art. 9 Abs. 3 Satz 3 nur Streiks oder Arbeitskämpfe allgemein gewährleistet werden sollten. Er hat die Anregung abgelehnt, statt des Wortes ‚Arbeitskampf' das Wort ‚Streik' aufzunehmen. Zweck der neu eingefügten Bestimmung des Art. 9 Abs. 3 Satz 3 ist die Gewährleistung des bisherigen Rechtszustands auch im Rahmen der Notstandsverfassung. Dieses Ziel kann nur erreicht werden durch eine gleichmäßige Behandlung beider Tarifparteien im Rahmen der Gewährleistungsvorschrift. Das Streikrecht wird durch die Formulierung genauso weit garantiert, wie es garantiert gewesen wäre, wenn es allein in Art. 9 Abs. 3 Satz 3 erwähnt worden wäre[23]."

Im Plenum des Bundestags wiederholte Dr. Lenz (CDU/CSU) im Namen seiner Partei diese Ausführungen fast wörtlich[24]. Dagegen wurde von seiten der SPD mehrfach versucht, bei Gelegenheit der Notstandsgesetzgebung zwischen Streik und Aussperrung zu differenzieren und das Streikrecht im Gegensatz zum Recht auf Aussperrung nunmehr grundsätzlich in der Verfassung zu verankern. Indessen drang sie damit nicht durch. Schon bei der zweiten Lesung des Entwurfs im Bundestag waren die Beratungen so weit vorangeschritten, daß sie offensichtlich keine Hoffnungen mehr hatte, genügend Anhänger für ihre Pläne zu finden. Nur so ist es jedenfalls zu erklären, daß die Frage zwar von allen ihren Rednern angesprochen wurde, jedoch ohne daß noch formelle Abänderungsanträge gestellt worden wären. Der Abgeordnete *Matthöfer* (SPD) führte aus, keine der denkbaren und durch die Notstandsregeln gedeckten Maßnahmen könne sich überhaupt gegen eine Aussperrung richten. Auch andere europäische Länder kennten eine legale Aussperrung nicht. Er wehre sich deshalb dagegen, daß die Aussperrung hier nun „so nebenbei und ohne daß gründlich darüber diskutiert und überlegt wurde, im Zusammenhang mit der

---

[22] S. 24.
[23] BT-Drucks. V/2873, S. 3.
[24] Stenografische Berichte des 5. Deutschen Bundestags, Bd. 67, S. 9316.

## 4. Die Bedeutung der „Notstandsnovelle" Art. 9 Abs. 3 Satz 3 GG

Notstandsgesetzgebung geregelt werden soll". Er halte diese Einfügung für „schädlich" und „überflüssig"[25]. Sein Fraktionskollege *Hirsch* (SPD) unterstützte ihn in der Bewertung der Aussperrung, führte dann aber aus, es gehe hier nur um die Regelung der Ausnahmesituation im Notstand, nicht jedoch für den Friedenszustand[26]. In der dritten Lesung sprach der Abgeordnete *Schmidt* (SPD) länger zu der Frage und sagte u. a.:

> „Wenn wir Sozialdemokraten allein eine Zwei-Drittel-Mehrheit in dieser Stunde hier besäßen, so wäre ohne jeden Zweifel die Neufassung des Art. 9 Abs. 3 so erfolgt, daß die Anwendung aller für Notfälle geschaffenen Artikel gegen Streiks derart ausgeschlossen worden wäre, daß wir vom ‚Streikrecht' gesprochen hätten und nicht, wie das jetzt geschieht, von ‚Arbeitskämpfen'. ... Wir hätten gern darauf verzichtet, durch die Benutzung des Begriffs ‚Arbeitskampf' auch der Aussperrung den gleichen Schutz vor Notstandsmaßnahmen zu ermöglichen. Dieses Bedenken scheint mir jedoch faktisch ohne große Bedeutung, denn eine Notstandsmaßnahme gegen aussperrende Arbeitgeber ist ohnehin schwer vorstellbar. Der Haupteinwand mancher meiner Kollegen an dieser Stelle richtet sich denn auch dagegen, daß die Benutzung des Begriffes ‚Arbeitskampf' ein gewisses Maß an Anerkennung der Aussperrung zu enthalten scheint. Hier bedarf es einer Klarstellung. Die jetzt gefundene Fassung des Art. 9 Abs. 3, der wir zustimmen wollen, verändert oder verschiebt die Bewertung nicht, die das Grundgesetz bisher gegenüber Streik und Aussperrung zu erkennen gegeben hat. ... Das Wort ‚Streik' oder ‚Streikrecht' kam im Grundgesetz auch bisher nicht vor. ... Auch das Wort ‚Arbeitskampf' kam bisher nicht vor. Aber ich habe keinen Zweifel, daß nunmehr die bisherige Arbeitsrechtsprechung im Lichte der heutigen Verfassungsergänzung überprüft werden muß. Denn schließlich kann kein Gericht daran vorbeigehen, daß der Verfassungsgesetzgeber ab heute ausdrücklich auch für ganz normale Zeiten verbietet, daß etwa das Wehrpflichtgesetz zu Maßnahmen gegen Streikende verwendet werden kann...[27]."

Schließlich versuchte die sozialdemokratische Regierung des Landes Hessen auch im Bundesrat noch, unter anderem wegen dieser Frage eine Mehrheit für die Anrufung des Vermittlungsausschusses zu finden, ohne damit Erfolg zu haben. Ihr Minister *Strelitz* führte aus, die Regelung, daß nicht nur das Streikrecht, sondern auch die Aussperrung gegen Eingriffe der Notstandsgewalt geschützt werden soll, müsse befremden. Sie könnte als eine Aussage dahin mißverstanden werden, daß Streik und Aussperrung verfassungsrechtlich als Mittel des Arbeitskampfs auf der gleichen Stufe stehen. Eine solche Auffassung erscheine der Hessischen Landesregierung verfassungsrechtlich nicht haltbar[28].

---

[25] Stenografische Berichte, S. 9315.
[26] S. 9315 f.
[27] Stenografische Berichte, S. 9644.
[28] Stenografische Berichte der Verhandlungen des Bundesrats, 326. Sitzung, S. 141.

## II. Wortlaut und Entstehungsgeschichte des Grundgesetzes

Die zitierten Äußerungen sind nur so zu verstehen, daß die SPD eine einseitige, nur den Streik nennende Regelung gerne durchgesetzt hätte, damit beim Koalitionspartner aber keinen Anklang fand. Für die CDU/CSU spielten dabei offenkundig zwei Gründe eine Rolle: Einerseits wollte man die Verfassungsänderung auf den Fall des Notstands begrenzen und keine Regelung für Friedenszeiten treffen; zum anderen war man nicht bereit, unter Abweichung von der Judikatur des Bundesarbeitsgerichts den Streik einseitig zu schützen oder auch nur in der Verfassung zu nennen. Angesichts dieser Lage zog es dann auch die SPD vor, den Punkt nicht weiter zu verfolgen, und begnügte sich mit der Auskunft, die Notstandsregelung sei für die verfassungsrechtliche Beurteilung von Streiks und Aussperrungen im Normalfall nicht maßgeblich und kein Präjudiz. Die Äußerungen von seiten der Bundesregierung und der CDU belegen, daß beide diese Auffassung teilten. Die Entstehungsgeschichte des Art. 9 Abs. 3 Satz 3 GG läßt demnach einen Konsens aller maßgeblich Beteiligten erkennen, wonach die Vorschrift die verfassungsrechtliche Lage, wie sie sich aus Art. 9 Abs. 3 Satz 1 und 2 GG ergibt, nicht verändern, namentlich eine zuvor nicht vorhandene Garantie der Arbeitskampfmittel nicht einführen sollte. *Sie verbietet mit anderen Worten, aus Art. 9 Abs. 3 Satz 3 GG eine verfassungsrechtliche Garantie der Aussperrung herauszulesen, welche einem gesetzlichen Verbot entgegenstünde.* Die namentlich von *Alfred Hueck*[29] begründete Gegenansicht, wonach der Verfassungsgeber des Jahres 1968 in Art. 9 Abs. 3 Satz 3 GG die Judikatur des Bundesarbeitsgerichts zum Arbeitskampfrecht rezipiert und mit Verfassungsrang ausgestattet hat, ist nicht zu halten[30]. *Angesichts der Uneinigkeit der beiden Regierungsparteien läßt sich aus der Novelle und ihrer Vorgeschichte aber auch kein neues Argument zugunsten eines einseitigen verfassungsrechtlichen Schutzes des Streiks gewinnen, das den im Wortlaut des Art. 9 Abs. 3 GG angelegten Gleichbehandlungsgrundsatz über das bereits oben*[31] *Gesagte hinaus relativieren würde.*

---

[29] Die Bedeutung des Notstandsrechts für das Arbeitskampfrecht, RdA 1968, S. 430 (432); ihm folgend auch *Hueck / Nipperdey*, Arbeitsrecht, Bd. II/2, S. 916; ähnlich *G. Müller*, Die Koalitionen in der Rechtsordnung der BRD, JurJahrB 10/1969, S. 125 ff. (151 ff.); zum Ganzen ausführlich *H. D. Schmid*, Arbeitskampf und Notstand aus der Sicht des Art. 9 Abs. 3 Satz 3 GG, 1972.

[30] Ebenso *Glückert*, Verfassungsrechtliche Anerkennung der Aussperrung?, BB 1968, S. 2279; *Evers*, S. 103 ff.; *Lerche*, S. 89 ff.; *Zöllner*, Aussperrung und arbeitskampfrechtliche Parität, 1974, S. 14 f.; vgl. auch *Rüthers*, Arbeitskampf und Notstandsverfassung, DB 1968, S. 1948/1949 f. Das Bundesverfassungsgericht läßt in seinem Beschluß vom 19. 2. 1975 die Frage ausdrücklich offen.

[31] Abschn. I 3.

## III. Die Koalitionsfreiheit und ihre Schranken in der verfassungsrechtlichen und arbeitsrechtlichen Literatur

### 1. Die Thesen von R. Hoffmann

Soweit in der jüngsten verfassungs- und arbeitsrechtlichen Literatur die These verfochten wird, Art. 9 Abs. 3 GG enthalte ein verfassungskräftiges Verbot der Aussperrung oder gestatte doch dem Gesetzgeber, die Aussperrung einseitig zu untersagen, wird sie regelmäßig auf die Behauptung gestützt, das Grundrecht der Koalitionsfreiheit wirke einseitig zugunsten der Arbeitnehmer[1]. Als zugespitzte Formulierung der Gedankengänge, welche dabei in die Debatte geworfen werden, kann das Referat gelten, das R. *Hoffmann* auf der Tagung der IG Metall im September 1973 zu dem Thema gehalten hat[2] und das deshalb hier in einiger Ausführlichkeit wiedergegeben werden soll[3].

---

[1] Vgl. *Lenz,* Die unbehagliche Nähe der Koalitionsgarantie zum Sozialstaat, in: Maus (Hrsg.), Gesellschaft, Recht und Politik, Festschrift für W. Abendroth, 1968, S. 203; *R. Schmid,* Aussperrung — Recht oder Unrecht? (Schriftenreihe der IG Metall Nr. 47) 1972; *Kittner,* Parität im Arbeitskampf? Überlegungen zur Forderung nach dem Verbot der Aussperrung, GMH 1973, S. 91 (102); *Ad. Arndt,* Thesen zu Art. 9 Abs. 3 GG, Festschrift für O. Kunze, 1969, S. 265 (267); *Mayer,* Mitbestimmung und Arbeitsverhältnis, in: Demokratie und Recht, 1973, S. 359 ff.; *Radke,* Das Koalitionsrecht als Ausdruck der Freiheit, Festschrift für O. Brenner, 1967, S. 113 ff.; *Schwegler,* Streikrecht und Rechtsprechung. Zum politischen Charakter des sogenannten Arbeitskampfrechts nach dem Beschluß des Großen Senats des BAG vom 21. 4. 1971, GMH 1972, S. 299 ff., 307; im Ansatz auch *Ramm,* Der Arbeitskampf und die Gesellschaftsordnung des Grundgesetzes, 1965, S. 198, 203; ders., Koalitionsbegriff und Tariffähigkeit, JuS 1966, S. 233 (227); ders., Der Koalitionsbegriff, RdA 1968, S. 412 (417). Zur kritischen Auseinandersetzung mit dieser Position vgl. u. a. *Benda,* Industrielle Herrschaft und sozialer Staat, 1966, S. 231; *Zöllner,* Aussperrung und arbeitskampfrechtliche Parität, 1974, S. 36; *Richardi,* Die Stellung des Arbeitskampfes in der gesamtwirtschaftlichen Rechtsordnung, RdA 1966, 241 (249); *Säcker,* Grundprobleme der kollektiven Koalitionsfreiheit, 1969, S. 29 ff.; *Däubler,* Das Grundrecht auf Mitbestimmung, 1974, S. 247 ff.

[2] Veröffentlicht unter dem Titel „Der Grundsatz der Parität und die Zulässigkeit der Aussperrung" bei *Kittner* (Hrsg.), Streik und Aussperrung, 1974, S. 47 ff.

[3] Die exakte Wiedergabe wird allerdings dadurch erschwert, daß Hoffmann zweigleisig argumentiert, indem er einerseits die einseitige Schutzrichtung des Art. 9 Abs. 3 GG zugunsten der Arbeitnehmer behauptet, zum anderen aber auch von der verfassungsrechtlichen Parität der Koalitionen ausgeht und ausführt, da diese zu Lasten der Arbeitnehmer gestört sei, müsse sie durch ein Verbot der Aussperrung wieder hergestellt werden. Beide — einander widersprechenden — Gedankenstränge sind bei ihm unlöslich ineinander verflochten.

## III. Die Koalitionsfreiheit und ihre Schranken in der Literatur

Hoffmann schreibt, vom Standpunkt des Arbeitnehmerinteresses sei der juristische Paritätsansatz prinzipiell unzureichend, weil er die bestehenden kapitalistischen Herrschaftsverhältnisse voraussetze, die den Unternehmern die Aneignung des Mehrwerts gestatten, und daher bereits als Prämisse eine prinzipielle Benachteiligung der Arbeitnehmerseite enthalte[4]. Das Arbeitnehmerinteresse und die davon bestimmte Sinngebung und Funktion von Koalition und Streik sei stets gleichzeitig auf das systemimmanente Erreichen eines möglichst hohen Arbeitslohnes mittels Tarifvertrags und auf die prinzipielle Aufhebung der untergeordneten sozioökonomischen Stellung der Arbeitnehmer als Lohnabhängige und damit der kapitalistischen Gesellschaft überhaupt gerichtet[5]. Auch der Streik könne demgemäß einerseits ein in Forderungen und Ausdehnungen verengter, rein ökonomischer, vorpolitischer Teilkonflikt bleiben, der sich systemimmanent der kapitalistischen Ordnung einfügt. Ebenso könne er aber „die prinzipielle Herrschaftsfrage in Betrieb, Wirtschaft und Gesellschaft aufwerfen und die kapitalistische Produktionsweise sowie die gesellschaftliche Machtverteilung insgesamt in Frage stellen"[6]. Mit der Aufnahme in die kapitalistische Rechtsordnung hätten Koalition und Streik der Arbeitnehmer ein „prinzipiell neues Rechtsprinzip", nämlich ein „dem individualistischen bürgerlichen Rechtsprinzip widersprechendes ‚sozialrechtliches' oder sozialistisches Rechtsprinzip" hervorgebracht und durchgesetzt[7]. Dagegen sei die Aussperrung nur aus dem Privateigentum der Unternehmer an den Produktionsmitteln abzuleiten und daher völlig dem individualistischen bürgerlichen Rechtsprinzip verhaftet[8]. So gesehen sei das Streikrecht ein „formelles Vorrecht der Arbeitnehmer zur Herstellung eines korrigierenden Machtfaktors gegenüber den vorgegebenen Unternehmerbefugnissen"[9]. Die einseitige Schutzwirkung des Art. 9 Abs. 3 GG werde auch durch den Umstand unterstrichen, daß die Aussperrung historisch und funktional unmittelbar auf Zerstörung der Instrumente der Gewerkschaftsbewegung gerichtet sei, nicht auf Ausgleich[10]. Der normative Zweck und Rechtsgehalt des Art. 9 Abs. 3 GG entspreche dem historisch belegten einseitigen Schutzbedürfnis der Arbeitnehmer und ihrer Organisationen gegen die Übermacht der Unternehmer, weshalb er „entsprechend der (verfassungs-)geschichtlichen Entwicklung primär einseitig das Koalitionsrecht der Arbeitnehmer und — direkt

---

[4] S. 55 f.
[5] S. 56.
[6] S. 60.
[7] S. 61, 67.
[8] S. 61.
[9] S. 62.
[10] S. 65.

## 1. Die Thesen von R. Hoffmann

auch — ihr Streikrecht verfassungskräftig" garantiere. Die Koalitionsfreiheit sei als Forderung der Arbeitnehmer nach jahrzehntelangen Kämpfen der Arbeiterbewegung durchgesetzt und dann in Art. 159 WRV unter Verfassungsschutz gestellt worden, als Schutz der Unternehmer aber gar nicht gefordert gewesen[11]. Daher sei Art. 9 Abs. 3 GG primär als Arbeitnehmerschutz- und -grundrecht zu verstehen, das gegen die aus dem Privateigentum an Produktionsmitteln abgeleitete soziale Übermacht und Verfügungsgewalt der Unternehmer über Produktionsmittel und -bedingungen gerichtet ist, der gegenüber das Schutzbedürfnis der Arbeitnehmer bestehe[12]. Diese Auslegung werde durch das Sozialstaatsprinzip unterstützt, das gleichfalls sowohl die sozial-reformerischen wie auch die sozialrevolutionären Tendenzen der Weimarer Zeit in das Grundgesetz übernommen habe und dem entsprechend gleichfalls im wesentlichen vom Arbeitnehmerinteresse her auszufüllen sei[13]. Die Aussperrung falle schon begrifflich nicht unter Art. 9 Abs. 3 GG, weil bei ihr nicht das Subjekt der Handlung ein Kollektiv sei, sondern nur die von der Handlung als Objekte betroffenen Arbeitnehmer[14]. Der Ausschluß der Aussperrung aus dem Geltungsbereich des Art. 9 Abs. 3 GG könne auch nicht über den Weg mehr oder weniger klarer Paritätsvorstellungen korrigiert werden. Streik und Aussperrung seien in jeder Hinsicht sowie in der Gesamtschau wesentlich ungleich, weil sich bei ihnen die — unterschiedlichen — Machtpositionen und Freiheitsrechte einerseits der Arbeitskraft und andererseits des Privateigentums an Produktionsmitteln gegenüberstehen. Nach dem Grundgesetz würden, wie der Vergleich von Art. 12 Abs. 2 und 3 GG mit Art. 14 Abs. 2 GG zeige, Arbeitskraft und Privateigentum als prinzipiell ungleich betrachtet und bewertet[15]. Art. 9 Abs. 3 GG werde so durch die Privilegierung der Arbeitnehmerkoalitionen gegenüber der Unternehmerseite und speziell durch Privilegierung des Streikrechts der Arbeitnehmer realisiert. Arbeitgeberverbände seien demgegenüber eine „Koalition minderen Rechts"[16], für die sich der Normgehalt des Art. 9 Abs. 3 GG in dem Recht erschöpfe, einem Arbeitgeberverband beizutreten und dessen Status als Tarifvertragspartei zu sichern[17]. Das Sozialstaatsprinzip gebiete zwingend ein Verbot der Aussperrung, weil die Aussperrung das Mittel der Arbeitgeber sei, ihre Macht zu mißbrauchen und dadurch die sozial-

---

[11] S. 66.
[12] S. 67.
[13] S. 68.
[14] S. 72.
[15] S. 76.
[16] S. 69.
[17] S. 70.

staatlich gewollte Privilegierung der Arbeitnehmerseite wieder aufzuheben[18]. Da die Aussperrung „gegen ein oberstes Verfassungsprinzip (‚Staatszielbestimmung')" verstoße, könne nicht „eine entsprechende gesetzgeberische Entscheidung bloß für zulässig gehalten werden"; vielmehr ergebe sich „als unumgängliche Folgerung aus der Verfassung, Art. 9 Abs. 3, 20 Abs. 1 GG ein unmittelbar geltendes Aussperrungsverbot, dessen konkrete Regelung allerdings dem Gesetzgeber aufgetragen" sei[19].

### 2. Kritik der Thesen von Hoffmann

*Hoffmanns* Ausführungen zeichnen sich dadurch aus, daß sie die revolutionären, auf die Errichtung eines sozialistischen Arbeiterstaats gerichteten Bestrebungen in der Arbeiterbewegung mit dem Mantel verfassungsrechtlicher Legitimität umgeben, ja, sie zum Staatsziel hochstilisieren und daraus folgern, daß nur der Streik als das Kampfmittel der Arbeitnehmer verfassungsrechtlichen Schutz genieße, während den Arbeitgebern die Gegenwehr mit Hilfe der Aussperrung versagt sein sollte. Eine solche Lehre findet jedoch im Grundgesetz keine Stütze, sondern verläßt den Umkreis einer diskutablen Verfassungsinterpretation. Schon der Wortlaut des Art. 9 Abs. 3 GG steht ihr unüberwindlich entgegen, denn die Vorschrift gewährt das Koalitionsrecht nur zu dem Zweck, die Arbeits- und Wirtschaftsbedingungen zu wahren und zu fördern, nicht jedoch, die Gesellschafts- und Rechtsordnung revolutionär umzugestalten. Zudem garantiert sie, wenn auch nicht ausdrücklich die Mittel des Arbeitskampfs, so doch die Koalitionsfreiheit unmißverständlich beiden Sozialpartnern gleichermaßen[20] und verbietet es somit, Arbeitgeberverbände von vornherein als Koalitionen minderen Rechts zu behandeln. Auch in der Entstehungsgeschichte des Art. 9 Abs. 3 GG findet Hoffmann keine Stütze seiner Thesen. Denn daß bei der Beratung des Grundgesetzes von einigen Seiten erwogen wurde, nur den Streik, nicht aber die Aussperrung in der Verfassung zu verankern, besagt nicht, daß der Streik auch als Mittel der sozialen Revolution akzeptiert worden wäre. Im Gegenteil wandten sich nahezu alle Sprecher ausdrücklich gegen den politischen Streik[21]. Nicht zuletzt hält auch Hoffmanns historische Untermauerung seiner Thesen der Kritik nicht stand. Denn obgleich die Garantie der Koalitionsfreiheit durch Art. 159 der Weimarer Reichsverfassung und Art. 9 Abs. 3 GG in der Tat die verfassungsrechtliche Frucht des

---

[18] S. 78.
[19] S. 78 f.; vgl. auch S. 89, 92.
[20] Siehe oben Abschn. I 3.
[21] Siehe oben Abschn. I 3.

Kampfs ist, den die Arbeiterschaft seit der Mitte des 19. Jahrhunderts um die Verbesserung ihrer wirtschaftlichen und sozialen Lage geführt hat, darf noch nicht außer Betracht bleiben, daß auch die Arbeitgeberverbände im Gegenzug zu den Gewerkschaften sich bereits gegen Ende des 19. Jahrhunderts formiert hatten und daher einen festen Bestandteil des Tatbestands Koalitionswesen bildeten, den der Verfassungsgeber 1919 und 1949 vorfand und rechtlich anerkannte. Von einer einseitigen Anerkennung oder Privilegierung der Arbeitnehmerkoalitionen gegenüber der Unternehmerseite durch den Verfassungsgeber kann nach alledem nicht die Rede sein.

Die relativ tragfähigste Stütze seiner Lehre findet Hoffmann im Sozialstaatsgebot der Art. 20 Abs. 1 GG und 28 Abs. 1 GG. Denn unbestrittenermaßen gehört der Schutz der wirtschaftlich und sozial benachteiligten Arbeitnehmer zum Kernbestand des Sozialstaatsprinzips, dem insofern auch eine gewisse einseitige Stoßrichtung zu deren Gunsten eignet[22]. Auch erschöpft sich nach heute im Vordringen befindlicher Ansicht das Sozialstaatsprinzip nicht im fürsorgerischen Schutz der Arbeitnehmer vor den Gefahren der arbeitsteiligen und hochtechnisierten Produktionsprozesse und vor der Ausbeutung durch übermächtige Arbeitgeber, wie er sich im Arbeitsschutzrecht dokumentiert, sondern gewährt ihnen gewisse Teilhaberechte am wirtschaftlichen und sozialen Geschehen[23]. Soweit diese reichen, entfaltet die Vorschrift daher auch eine auf die Veränderung der Gesellschaft zugunsten der Arbeitnehmer gerichtete sozialreformerische Dynamik. Das alles heißt jedoch nicht, daß das Sozialstaatsprinzip, wie *Hoffmann* meint, als eine Einbruchsstelle sozialrevolutionärer Tendenzen oder als verfassungsrechtliche Legitimationsquelle eines Vorrangs der Arbeitnehmer im Tarifvertragswesen und Arbeitskampf, die ein generelles Aussperrungsverbot rechtfertigen würde, interpretiert werden kann. Das verbietet sich

---

[22] Vgl. namentlich *Hartwich*, Sozialstaatspostulat und gesellschaftlicher Status quo, Köln und Opladen 1970, S. 54 ff., 281 ff., 361 ff.; *ders.*, Sozialstaat und Arbeitskampf. Zum Staatsverständnis in der Rechtsprechung des Bundesarbeitsgerichts, in: Kittner (Hrsg.), Streik und Aussperrung, S. 349 ff.; *ders.*, Der soziale Rechtsstaat — Motor der erweiterten Mitbestimmung oder restriktive Bedingung der Gesellschaftsform, GMH 1971, S. 577, 592; *Ramm*, Der Arbeitskampf und die Gesellschaftsordnung des Grundgesetzes, 1965, S. 140 ff., 165, 170, 199 ff.; *v. Mangoldt / Klein*, Das Bonner Grundgesetz, 2. Aufl. 1966, Bd. 1, S. 605, 606; *Schmidt / Bleibtreu / Klein*, Kommentar zum Grundgesetz für die Bundesrepublik Deutschland, 3. Aufl. 1973, Art. 20, Anm. 20; *Hamann / Lenz*, Das Grundgesetz für die Bundesrepublik Deutschland vom 23. 5. 1949, 3. Aufl. 1970, Art. 20, B 3; *v. Münch* (Hrsg.), Grundgesetz, Kommentar, Bd. 1, 1974, Art. 20, Anm. 16, 17; *Model / Müller*, Grundgesetz für die Bundesrepublik Deutschland, 7. Aufl. 1972, Art. 20, Anm. 20; *Benda*, Industrielle Herrschaft und Sozialer Staat, 1966, S. 102, 201, 417.

[23] Vgl. *Scholz*, Koalitionsfreiheit als Verfassungsproblem, 1971, S. 190; *Ekkehard Stein*, Staatsrecht, S. 195, 196.

III. Die Koalitionsfreiheit und ihre Schranken in der Literatur

schon wegen der generalklauselhaften Unbestimmtheit der Vorschrift, die ihr den Charakter einer allgemeinen Wertentscheidung und einer Auslegungsmaxime verleiht, es im Normalfall aber unmöglich macht, konkrete Rechte und Pflichten, namentlich des Gesetzgebers, aus ihr abzuleiten[24].

In Bezug auf die Koalitionsfreiheit ist Art. 9 Abs. 3 GG die konkretere und speziellere Vorschrift, welche daher für die Beurteilung der Aussperrung schon nach allgemeinen Auslegungsprinzipien den Art. 20 Abs. 1 GG und 28 Abs. 1 GG vorgeht. Im systematischen Zusammenhang der Verfassung betont Hoffmann das Sozialstaatsgebot völlig einseitig, während er auf der anderen Seite die gleichfalls in Art. 20 Abs. 1 GG und 28 Abs. 1 GG verankerten Prinzipien des republikanischen und demokratischen Rechtsstaats überhaupt nicht erwähnt und den Schutz des Eigentums nach Art. 14 GG unangemessen zurückdrängt. Mit dem *Bundesverfassungsgericht*[25] und der herrschenden Lehre[26] ist demgegenüber daran festzuhalten, daß das Sozialstaatsgebot nicht als oberstes Verfassungsgebot anzusehen ist, welches über allen anderen Grundrechten und Staatszielbestimmungen rangiert, sondern als eine mit diesen gleichrangige, in einem dialektischen Verhältnis zu ihnen stehende Verfassungsdirektive. Es begrenzt und relativiert zwar den Eigentumsschutz, drängt ihn aber nicht zurück oder beseitigt ihn gar.

Diese Kritik leitet zu noch ernsteren Einwänden gegen *Hoffmanns* Thesen über. Indem Hoffmann den Streik als Ausdruck eines politischen Konflikts jenseits der Arbeits- und Wirtschaftsbedingungen ver-

---

[24] Vgl. hierzu z. B. *Hesse*, Grundzüge des Verfassungsrechts der Bundesrepublik Deutschland, 6. Aufl. 1973, S. 87; *v. Mangoldt / Klein*, Das Bonner Grundgesetz, 2. Aufl. 1957, S. 605; *Werner Schreiber*, Das Sozialstaatsprinzip des Grundgesetzes in der Praxis der Rechtsprechung, Schriften zum öffentlichen Recht, Bd. 185, 1972, S. 95/96; *Badura*, Auftrag und Grenzen der Verwaltung im sozialen Rechtsstaat, DÖV 1968, S. 446 ff., 449; *Söllner*, Arbeitsrecht, 4. Aufl. 1974, S. 41.

[25] Bereits BVerfGE 1, 97, 105; 3, 337, 381; 4, 96, 102; 5, 85, 198; 6, 32, 41; 8, 274, 329; 10, 354, 371; 12, 354, 367; 18, 257, 273.

[26] *v. Mangoldt / Klein*, Das Bonner Grundgesetz, 2. Aufl. 1957, S. 608, 609; *Hamann / Lenz*, Das Grundgesetz für die Bundesrepublik Deutschland vom 23. 5. 1949, 3. Aufl. 1970, Art. 20, A 2; *v. Münch* (Hrsg.), Grundgesetz, Kommentar, Bd. 1, 1974, Art. 20, Anm. 1 - 4; *Hesse*, Grundzüge des Verfassungsrechts, 6. Aufl. 1973, S. 87; *Scholz*, Koalitionsfreiheit als Verfassungsproblem, 1971, S. 183, 191; *Badura*, Auftrag und Grenzen der Verwaltung im sozialen Rechtsstaat, DÖV 1968, S. 446 ff., 448; vgl. aber *Ridder*, Zur verfassungsrechtlichen Stellung der Gewerkschaften im Sozialstaat nach dem Grundgesetz für die Bundesrepublik Deutschland, 1960, S. 11 ff., 17, der einseitig das Sozialstaatsprinzip auf das demokratische Prinzip bezieht, sowie *Forsthoff*, Begriff und Wesen des sozialen Rechtsstaates, VVdStRL, Heft 12 (1954), S. 19, 34, demzufolge das Sozialstaatsprinzip einseitig dem Rechtsstaatsprinzip gegenüber zu stellen ist.

steht und als Mittel rechtfertigt, systemüberwindende, auf eine sozialistische Ordnung zielende Bestrebungen durchzusetzen, stellt er die vom Grundgesetz begründete republikanische und demokratische Staatsform selbst in Frage. Ein Streik, der „die gesellschaftlichen Machtverhältnisse insgesamt" ändern will, ist ein politischer Streik. Er beseitigt das verfassungskräftige Monopol der demokratisch legitimierten Staatsorgane, Gesetze zu erlassen und politische Macht auszuüben. Ließe die Verfassung ihn zu, würde sie sich selbst aufheben. Er ist daher verfassungswidrig[27]. Eine Verfassung, welche die politische Entscheidungskompetenz im Staat den demokratisch gewählten Staatsorganen vorbehält, kann durch die Garantie des Sozialstaats und der Koalitionsfreiheit auch nicht „das revolutionäre sozialistische Rechtsprinzip" in die herrschende Rechtsordnung aufgenommen und durchgesetzt haben. Im Gegenteil konnte die Rezeption der Tarifautonomie und der Arbeitskampffreiheit in die Verfassung nur auf eine Weise geschehen, welche die verfassungsrechtliche Ordnung im übrigen nicht in Frage stellt, sondern sie akzeptiert und sich ihr unterordnet. Die Annahme der Koalitionsfreiheit als Institution des geltenden Rechts entkleidet die Koalitionen daher notwendig ihres revolutionären Pathos[28]. Es ist ein rechtlich nicht nachvollziehbarer Widerspruch, die Rechte, welche die Verfassung gewährt, für den revolutionären Kampf gegen eben diese Verfassung in Anspruch zu nehmen.

Auch die Autoren, welche den einseitigen Schutz der Arbeitnehmerkoalitionen durch Art. 9 Abs. 3 GG und durch das Sozialstaatsprinzip behaupten, ohne den revolutionären Charakter dieser Vorschriften zu betonen[29], können angesichts der dargelegten Sach- und Rechtslage kein Gehör finden. Ihre Argumentation läuft regelmäßig auf die These hinaus, da die verfassungsrechtliche Anerkennung des Koalitionswesens die Frucht der Arbeiterbewegung sei, müsse sie auch heute allein der Arbeitnehmerschaft zugute kommen. Das ist logisch nicht schlüssig und verfassungsgeschichtlich falsch[30]. Es widerspricht auch dem Text des Art. 9 Abs. 3 GG[31]. Für die weitere Klärung der Gutachtenfrage ist deshalb davon auszugehen, daß auf diesem Weg die Zulässigkeit eines

---

[27] Vgl. statt aller *v. Mangoldt / Klein*, Das Bonner Grundgesetz, 2. Aufl. 1957, S. 333; *Maunz / Dürig / Herzog*, Grundgesetz, Art. 9, Anm. 117; *Söllner*, Arbeitsrecht, 4. Aufl., S. 79; *Nikisch*, Arbeitsrecht, II, 2. Aufl., § 65 III, S. 137; *Hueck / Nipperdey*, Lehrbuch des Arbeitsrechts, II/2, 1970, § 47 A II 3 c, S. 884 ff., 886; *Lerche*, Verfassungsrechtliche Zentralfragen des Arbeitskampfes, 1968, S. 21 m. w. N.; *Kaiser*, Der politische Streik, 2. Aufl. 1959, S. 21 ff.; *Abendroth*, Nochmals: der Politische Streik, GMH, 1954, S. 258, 260.
[28] Ebenso *Evers*, S. 17 ff., 18.
[29] Vgl. oben S. 29 Anm. 1.
[30] Im Einzelnen unten S. 64 ff.
[31] Oben Abschn. II 2.

einseitigen Aussperrungsverbots verfassungsrechtlich nicht begründet werden kann.

### 3. Die Auslegung des Art. 9 Abs. 3 GG in der übrigen Literatur

Die große Mehrzahl der Autoren des Verfassungs- und Arbeitsrechts beschreitet bei der Interpretation der Koalitionsgarantie andere Wege als Hoffmann. Im ersten Jahrzehnt nach dem Inkrafttreten des Grundgesetzes glaubte man, wie bereits erwähnt[32], überwiegend, aus dem Fehlen einer ausdrücklichen Arbeitskampfgarantie im Wortlaut des Art. 9 Abs. 3 GG schließen zu sollen, daß Streik und Aussperrung, wie schon zur Weimarer Zeit, nur als Ausfluß der allgemeinen Handlungsfreiheit verfassungsrechtlich geschützt seien und daher uneingeschränkt zur Disposition des einfachen Gesetzgebers stünden[33]. Allerdings wollte man gleichwohl dem Gesetzgeber keine grenzenlose Regelungsbefugnis zuerkennen, und jedenfalls wurde das Aussperrungsverbot nach Art. 29 Abs. 5 der Hessischen Verfassung für grundgesetzwidrig und daher nichtig erklärt[34]. Zur Begründung bezog man sich regelmäßig auf den Gleichheitssatz und das daraus fließende Prinzip der Waffengleichheit zwischen den Sozialpartnern. Darauf ist weiter unten zurückzukommen[35].

Das *Bundesverfassungsgericht* vertrat von Anfang an eine andere Konzeption, indem es Art. 9 Abs. 3 GG über seinen Wortlaut hinaus nicht nur als Grundrecht individueller Arbeitnehmer und Arbeitgeber verstand, sondern zugleich auch als Institutionsgarantie der Koalitionen selbst und ihrer spezifisch koalitionsgemäßen Betätigung[36].

Als sich seit etwa dem Beginn der 60er Jahre die Wissenschaft diese Betrachtungsweise nach und nach zu eigen machte, lag es nahe, nunmehr auch Streik und Aussperrung unter den Grundrechtsschutz der Koalitionsfreiheit zu subsumieren[37]. Ob, mit welcher Begründung und in welchem Ausmaß ein solcher Schutz aber tatsächlich anerkannt werden könne, hat sich trotz intensiver Diskussion bis heute nicht klären

---

[32] Oben II 1.
[33] Vgl. statt aller *v. Mangoldt*, Das Bonner Grundgesetz, 1953, S. 85; *v. Mangoldt / Klein*, Das Bonner Grundgesetz, 2. Aufl. 1957, S. 333 f.; *Huber*, Wirtschaftsverwaltungsrecht, 2. Aufl., Bd. 2, 1954, S. 329 ff.; *Dietz*, Koalitionsfreiheit, in: Beckermann / Nipperdey / *Scheuner*, Die Grundrechte, Bd. 3, 1, 1958, S. 462; *Nikisch*, Arbeitsrecht, Bd. 2, 2. Aufl. 1959, S. 104; *Nipperdey*, in: Hueck / Nipperdey, Arbeitsrecht, Bd. 2 (6. Aufl.), S. 101 ff. (anders aber S. 37, 112); BAGE 1, 291 ff. [299]) m. w. N.
[34] Vgl. *v. Mangoldt / Klein*, ebd., S. 334; *Huber*, ebd., S. 415; *Nikisch*, ebd., S. 109.
[35] Abschn. IV 1.
[36] BVerfGE 4, 96. Genaueres dazu unten Abschn. III 5.
[37] Siehe oben Abschn. II 1.

### 3. Die Auslegung des Art. 9 Abs. 3 GG in der übrigen Literatur 37

lassen, vielmehr gehen die Meinungen hierzu noch immer ungewöhnlich weit auseinander. Namentlich ob das Aussperrungsverbot der Hessischen Verfassung mit Art. 9 Abs. 3 GG vereinbar ist, und damit zugleich auch die Kernfrage des vorliegenden Gutachtens, blieb kontrovers. Um in dieser Situation einigermaßen festen Boden unter den Füßen zu gewinnen, ist es erforderlich, das Spektrum der wichtigsten Meinungen zu dem Problem im folgenden kurz wiederzugeben.

a) Nach *Rüthers*[38] ist die Koalitionsfreiheit ein Ausdruck der sozialen Selbstverwaltung, wie sie sich seit dem 19. Jahrhundert herausgebildet hat und seitdem in so zahlreichen Vorschriften auch rechtlich anerkannt wurde, daß sie ein fundamentales Organisationsprinzip der gewachsenen Verfassungswirklichkeit genannt werden kann, das der Grundgesetzgeber vorgefunden und vorausgesetzt hat[39]. Mit Hilfe staatlicher Weisungen und Zwangsmittel ist in der massengesellschaftlichen Wirklichkeit unserer Zeit eine gerechte und ausgewogene Gesellschaftsordnung nicht mehr zu schaffen, vielmehr enden rein hoheitlich-dirigistische Lösungen der Sozialgestaltung zwangsläufig in einer totalen Gesellschaftsplanung, die nicht dem Leitbild des vom Grundgesetz intendierten sozialen Rechtsstaats entspricht[40]. Um solches zu vermeiden, genießt das Prinzip der sozialen Selbstverwaltung auch Verfassungsschutz. Es ist Bestandteil des Sozialstaatsprinzips, da die verfassungsgesetzliche Entscheidung zugunsten des Sozialstaats eine Einrichtungsgarantie für alle jene sozialen Sachverhalte und Einrichtungen impliziert, deren bewährter und gesicherter Bestand zur Selbstverständlichkeit im Sozialbereich des Verfassungslebens geworden ist[41].

Auch der Streik genießt solchen Schutz, weil „die Möglichkeit eines kampfmäßigen Austrags der Spannungen unter den Sozialpartnern zum einheitlichen Erscheinungsbild aller freiheitlichen Staaten" gehört[42] und der Staat, auch wenn er die Machtmittel dazu besitzt, nicht besser imstande wäre, die Konflikte zu schlichten[43]. Die Gewährleistung des Sozialstaats kann nach *Rüthers* „zwar nicht die Einzelheiten der tatsächlichen und rechtlichen Ausprägung umfassen, weil andernfalls der Fortgang der sozialen Entwicklung eingeengt und gehemmt würde"; nur „das Wesen der Kerninstitute der sozialen Selbstverwaltung untersteht dem Schutz der Sozialstaatsnorm"[44]. Auch behält der Staat „die

---

[38] Streik und Verfassung, 1960, S. 37 ff.
[39] S. 38 ff.
[40] S. 65.
[41] S. 58, 67.
[42] S. 71.
[43] S. 68 ff.
[44] S. 67.

letzte Verantwortung für die Ordnung und den Bestand der Gesellschaft" und hat „die gesellschaftlichen Entwicklungen und Spannungen in den Grenzen der verfassungsmäßigen Ordnung zu halten"[45]. Im Hinblick auf den Arbeitskampf, namentlich den Streik, heißt dies, daß dem Staat eine „begrenzte, kraftvolle und entscheidungsmächtige Unparteilichkeit" zukommt, deren Umfang vom Verfassungsgesetz und von der Rechtsordnung bestimmt wird und die endet, wenn „unverzichtbare Interessen und Güter des Gemeinwohls gefährdet" sind[46].

Die in solchen Formulierungen nur allgemein gezogene Grenze der Arbeitskampffreiheit wird bei *Brox / Rüthers*, Arbeitskampfrecht, konkretisiert[47]: Danach wäre ein generelles Arbeitskampfverbot sowie die Aushöhlung des Arbeitskampfs als Rechtsinstitut durch sachlich nicht gebotene Beschränkungen verfassungswidrig. Zulässig sind hoheitliche Beschränkungen bis zur Grenze der Wesensgehaltsgarantie, wobei der Wesensgehalt aus dem von der Verfassung gewollten Zweckzusammenhang zwischen Koalitionsrecht und freiheitlicher, selbstverantwortlicher Sozialgestaltung durch die Koalitionen abzuleiten ist. Dagegen schützt die Verfassung konkrete Arbeitskämpfe und einzelne Elemente des Arbeitskampfrechts nicht, weshalb nichts dagegen einzuwenden ist, wenn der Gesetzgeber die Rechtmäßigkeitsvoraussetzungen von Streiks und Aussperrungen näher bestimmt, ausgestaltet oder fortbildet[48]. Das einseitige Aussperrungsverbot der Hessischen Verfassung halten *Brox* und *Rüthers* für rechtswidrig, weil es gegen die Sozialstaatsklausel sowie gegen den Gleichheitssatz verstoße[49].

b) Die von Rüthers entwickelte Konzeption gewinnt in der Folgezeit mehr und mehr an Boden, wobei es für die Zwecke dieses Gutachtens vor allem darauf ankommt, die Nuancen der einzelnen Meinungen, soweit sie für die Reichweite und die Grenzen der verfassungsrechtlich gewährleisteten Arbeitskampffreiheit relevant sind, herauszuarbeiten. *Nipperdey*[50] betont nunmehr stärker als früher die in Art. 9 Abs. 3 GG als Institutsgarantie mitenthaltene Gewährleistung des Arbeitskampfs. Er schreibt, der Gesetzgeber sei zwar befugt, die Rechtsinstitute des kollektiven Arbeitsrechts im einzelnen näher zu regeln, doch dürfe er sie nicht „als solche — in ihrem Wesensgehalt — antasten oder gar völlig beseitigen und durch staatliche Lenkungsmaßnahmen ersetzen"[51].

---

[45] S. 69 f.
[46] S. 69 ff., 71.
[47] S. 46.
[48] S. 46.
[49] S. 49.
[50] *Hueck / Nipperdey*, Grundriß des Arbeitsrechts, 2. Aufl. 1962, S. 146, 166.
[51] S. 146.

### 3. Die Auslegung des Art. 9 Abs. 3 GG in der übrigen Literatur

Es gelte der aus der verfassungsrechtlichen Synthese von Freiheitsprinzip und Sozialstaatsprinzip abzuleitende „Grundsatz der Subsidiarität staatlichen Handelns", wonach der Staat die Gestaltung der Arbeitsbedingungen primär der sozial eigenverantwortlichen Tätigkeit der freien Arbeitsverbände überlassen müsse und durch eigene Maßnahmen erst dann eingreifen dürfe, „wenn das sozialverpflichtete Verhalten auf freiwilliger Grundlage versagt und die Ziele des sozialen Rechtsstaates dadurch ernstlich gefährdet würden"[52].

c) Sehr viel stärker markiert dagegen *Bulla*[53] die Grenzen der sozialen Selbstverwaltung, wenn er ausführt, deren Funktionen „werden durch die Sozialpartner nicht als eigenständige ausgeübt, sondern als vom Staat abgeleitete Aufgaben, die ihnen nur dort und nur insoweit übertragen worden sind, wie dieses unter Berücksichtigung des vom Staat wahrzunehmenden Gesamtinteresses vertretbar und in der daran zu orientierenden Handhabung gesichert erscheint"[54]. Namentlich seien sie an das Gemeinwohl gebunden, weshalb es der Staatsgewalt als Hüterin des Gemeinwohls obliege, einem „gemeinwohlabträglichen Verhalten der Sozialpartner mit rechtlichen oder auch sonstigen, insbesondere politischen Mitteln zu wehren"[55]. Die staatliche Rechtssetzung habe daher, „wenn und soweit sie ein verfassungsrechtlich durch Art. 9 Abs. 3 GG garantiertes Tarifvertragssystem unberührt läßt, stets den Vorrang vor der kollektivrechtlich normierten Ordnung"[56].

d) Ähnlich argumentiert *Werner Weber*[57], die Arbeitskampffreiheit als ein Teil der Betätigungsfreiheit der Koalitionen sei als Institutsgarantie in Art. 9 Abs. 3 GG nicht absolut garantiert, sondern unterliege verfassungsrechtlichen Begrenzungen und sei durch Gesetz beschränkbar[58]. Die Verfassungsgarantie decke die Koalitionsfreiheit zwar „in ihren historisch geprägten entscheidenden Wesenszügen" und schütze sie gegen Denaturierung, halte aber unbeschadet dieses Wesensgehalts „eine nähere Ausformung ihrer Reichweite und ihrer Betätigungsmodalitäten durch den Gesetzgeber" offen[59]. Der Grund dieser Beschränkung liege „im demokratischen Prinzip der Verfassung und in der grundgesetzlich aufgetragenen Verantwortung der demokratisch

---

[52] S. 146.
[53] Soziale Selbstverantwortung der Sozialpartner als Rechtsprinzip, in: Festschrift für Nipperdey zum 70. Geburtstag, S. 79 (80).
[54] S. 82.
[55] S. 83.
[56] S. 84.
[57] Koalitionsfreiheit und Tarifautonomie als Verfassungsproblem, 1965, S. 20 ff.
[58] S. 22, 36.
[59] S. 25.

legitimierten Verfassungsorgane zur Verwirklichung des Sozialstaats oder sozialen Rechtsstaats"[60]. Auf der anderen Seite betont *Weber* die liberale Komponente der Tarifautonomie:

> „Die Tarifautonomie ist als Auswirkung der Koalitionsfreiheit nicht prinzipiell darauf angelegt, beschränkt zu werden, sondern umgekehrt darauf, ihre freiheitliche, d. h. die gesellschaftliche Eigenverantwortung der Koalitionen aktivierende Funktion wirklich zu entfalten. Ihre Akzente liegen also auf der verfassungsrechtlichen Gewährleistung, auf der Freiheit und Eigenverantwortlichkeit und nicht auf der Einschränkung[61]."

Gleichwohl kann der Gesetzgeber Tarifautonomie und Kampffreiheit „bis zum Kernbereich hin begrenzend regeln", sofern die Einschränkung nur „durch eine Nötigung gerechtfertigt" und „aus übergeordneten Gründen des Gemeinwohls gefordert" ist[62]. Die Intensität des Eingriffs ist nach dem Grundsatz der Verhältnismäßigkeit abhängig von der Dringlichkeit der zu wahrenden öffentlichen Interessen und dem Ausmaß dessen, was notwendig ist, um diesen Interessen zu genügen[63]. Unter anderem hat der Gesetzgeber dafür zu sorgen, daß die Tarifpartner einander in annähernd paritätischer Verhandlungschance gegenüberstehen, weil andernfalls ein echt ausgehandelter Vertragsschluß zwischen ihnen nicht gesichert wäre und das Diktat des Stärkeren sich in einem freiheitswidrigen Sinne durchsetzen würde[64]. Er darf niemals die Betätigungsfreiheit der Tarifpartner und die Verwendung von Mitteln des Arbeitskampfes um ihrer selbst willen treffen und sie beschneiden wollen[65].

e) Das Demokratiegebot ist auch für *Säcker* letztlich die Wurzel der Koalitionsgarantie[66]. Die Koalitionsfreiheit enthält für ihn die Garantie einer bestimmten wirtschaftlich-sozialen Ordnung, die dadurch charakterisiert ist, daß sie „durch freie Bildung gegengewichtiger Marktmacht auf dem Arbeitsmarkt die Voraussetzungen für einen den zivilrechtlichen Grundsätzen der Verkehrs- und Tauschgerechtigkeit entsprechenden Arbeitsvertragsschluß und damit mittelbar für eine menschenwürdige materielle Existenzgrundlage der Arbeitnehmer" geschaffen werden sollen[67]. Das Grundgesetz hat, wie er schreibt, „durch Auffächerung und Verteilung von Entscheidungszuständigkeiten eine Vielzahl solcher sozialen Teilsysteme mit spezifischen Entscheidungsbereichen innerhalb des Staatsganzen verfassungsrechtlich sanktioniert und durch

---

[60] S. 27.
[61] S. 34.
[62] S. 37.
[63] S. 38.
[64] S. 42.
[65] S. 46.
[66] Grundprobleme der kollektiven Koalitionsfreiheit, 1969, S. 20 ff., 81 ff.
[67] S. 20.

grundrechtliche oder grundrechtsähnliche Institutionalisierung von Freiheiten in den einzelnen Untersystemen gegeneinander abgegrenzt, um durch Begrenzung der Staatsmacht, durch „Demokratisierung der Herrschaft" eine offene differenzierte Kommunikations- und Gesellschaftsordnung zu erhalten"[68]. Im Rahmen einer Kernbereichsgarantie gewährt die Koalitionsfreiheit den Tarifpartnern eine Regelungsprärogative. Da auf der anderen Seite aber Art. 9 Abs. 3 GG die Normenkomplexe nicht ausformt, die erforderlich sind, um diese Prärogative auszuüben, bedarf er der Konkretisierung. Der Gesetzgeber hat daher ein verfassungskongruentes Tarifvertragssystem bereitzustellen[69].

Entsprechendes gilt für den Arbeitskampf: Das Grundgesetz verpflichtet den Gesetzgeber, „ein Arbeitskampfgesetz bereitzustellen, das die Spielregeln des Arbeitskampfes verfassungskongruent normiert, und verbietet ihm, Arbeitskämpfe generell zu untersagen"[70]. Das einseitige Verbot der Aussperrung nach Art. 29 Abs. 5 der Hessischen Verfassung erweist sich in solcher Sicht als unzulässig. Allerdings begründet *Säcker* diese Meinung im Anschluß an *Gamillscheg*[71] nur formal: Nachdem das *Bundesarbeitsgericht*, das objektives unterverfassungsgesetzliches Recht setze, in Ausfüllung des ihm von Art. 9 Abs. 3 GG gewährten Spielraums die Aussperrung anerkannt habe, sei entgegenstehendes Landes-(Verfassungs-)Recht gemäß Art. 31 GG unwirksam[72]. Die materiell-rechtliche Begründung, fügt *Säcker* hinzu, das Aussperrungsverbot verstoße gegen die Sozialstaatsklausel und den Gleichheitssatz, setze dagegen eine „rechtspolitische Aufladung" dieser Prinzipien mit „subjektiven Metanormen" voraus, die nur den bereits Überzeugten überzeugen könne[73]. Daraus ist zu folgern, daß *Säcker* ein Verbot der Aussperrung durch den Bundesgesetzgeber, der höherrangiges Bundesrecht setzt als das Bundesarbeitsgericht, zulassen würde. Wie schwankend das Urteil ist, geht indessen aus den Formulierungen bei *Hueck / Nipperdey*, Arbeitsrecht, hervor, wo der formalen Begründung die inhaltliche angefügt ist, Art. 29 Abs. 5 der Hessischen Verfassung verstoße auch gegen die für Arbeitgeber wie Arbeitnehmer geltende Institutsgarantie des Arbeitskampfes[74].

f) Im Gegensatz zu den bisher genannten Autoren halten *Evers* und *Lerche* das Aussperrungsverbot der Hessischen Verfassung für mit dem Grundgesetz vereinbar und müssen daher notwendig auch ein Aus-

---

[68] S. 21.
[69] S. 73 ff.
[70] S. 85.
[71] Arbeitsrecht, S. 42.
[72] S. 86; ebenso *Hueck / Nipperdey*, Arbeitsrecht, Bd. II, 2, S. 926.
[73] S. 86.
[74] S. 926 f.

sperrungsverbot von seiten des Bundesgesetzgebers als zulässig erachten. *Evers*[75] bezieht sich zur Begründung vor allem auf die Judikatur des Bundesverfassungsgerichts zu Art. 9 Abs. 3 GG[76], wonach die Arbeitskampffreiheit nur mittelbar und insoweit verfassungsrechtlichen Schutz genieße, als sie notwendiges Mittel sei, Tarifverträge zustande zu bringen[77]. Nicht der Arbeitskampf, sondern der — äußerstenfalls durch Arbeitskampf vertraglich herbeigeführte — Arbeitsfrieden sei der eigentliche Zweck des in Art. 9 Abs. 3 GG gewährten Schutzes[78]. Mache man mit diesem Gedanken ernst, so könne die Aussperrung nur dann grundrechtlichen Schutz genießen, wenn sie zur Ordnung und Befriedung des Arbeitslebens notwendig sei[79]. Indessen seien die Arbeitgeber tatsächlich nicht auf sie angewiesen, sondern verfügten über eine Reihe anderer Mittel, sich gegen Streiks wirksam zur Wehr zu setzen und ihre Interessen angemessen zur Geltung zu bringen[80]. Wenn die Aussperrung mithin nicht unerläßlich sei, den Arbeitsfrieden vertraglich herbeizuführen, sei sie durch Art. 9 Abs. 3 GG auch nicht gewährleistet[81].

g) In ähnliche Richtung zielt *Lerches* Argumentation[82]. Auch für ihn enthält die Koalitionsfreiheit neben dem individuellen Freiheitsrecht ein objektives Gestaltungsprinzip der freiheitlich-demokratischen Ordnung, durch welches den Sozialpartnern die eigenständige Gestaltung der Arbeits- und Wirtschaftsbedingungen in antagonistischem Zusammenwirken überantwortet wird[83]. Allerdings gibt das Grundgesetz hierzu nur eine allgemeine Richtlinie, die sehr unterschiedlich konkretisiert werden kann, und muß daher als unfertig, offen, ausfüllungsfähig und ausfüllungsbedürftig bezeichnet werden[84]. Die Lücke zu schließen ist Sache des Gesetzgebers, der folglich nicht nur untergeordnete Einzelheiten zu regeln hat, sondern auch „die grundsätzliche Organisation dieses Prozesses", „die grundsätzlichen Startbedingungen und die grundsätzlichen Instrumente, auf deren Basis und mit deren Möglichkeiten der Auseinandersetzungsprozeß der Sozialpartner überhaupt erst stattfinden kann"[85]. Das Organisationsrecht des Gesetzgebers endet

---

[75] Arbeitskampffreiheit, Neutralität, Waffengleichheit und Aussperrung, 1969.
[76] Siehe dazu unten Abschn. III 5.
[77] S. 16.
[78] S. 17.
[79] S. 20.
[80] S. 20, 53 ff.
[81] S. 22.
[82] Verfassungsrechtliche Zentralfragen des Arbeitskampfs, 1968.
[83] S. 26 - 31.
[84] S. 32.
[85] S. 37.

erst vor der Schranke der Wesensgehaltssperre und des Willkürverbots[86].

Auch der Arbeitskampf wird zwar von der Garantie freier koalitionsmäßiger Betätigung in Art. 9 Abs. 3 GG mit erfaßt, bedarf aber der gesetzlichen Ordnung „im primären Sinne der grundsätzlichen Installierung der Instrumente und Festlegung der Startbedingungen, die für diesen Ausschnitt des allgemeineren Auseinandersetzungsprozesses der Sozialpartner überhaupt erst die Basis schaffen, damit er vonstatten gehen kann"[87]. Auch die „allgemeine Bestimmung der Waffen und Festlegung der grundlegenden Machtbedingungen durch Gewährung oder Versagung von Streik und Aussperrung" gehören „im Prinzip diesem eigentümlichen Bereich zulässiger Grenzziehungen" an, die dem Gesetzgeber obliegen[88]. Der Wesensgehalt des Grundrechts würde demgegenüber erst durch ein absolutes umfassendes Arbeitskampfverbot verletzt, ferner dann, wenn die arbeitskampfrechtlichen Normierungen „den antagonistischen Grundcharakter des Gesamtverhältnisses oder die Basis des allgemeinen Ordnungs- und Friedenszieles mißachteten"[89]. Dies wäre zwar bei einem Streikverbot denkbar, nicht jedoch bei einem Verbot der Aussperrung, denn den Arbeitgebern stehen auch ohne die Aussperrung wirksame Waffen, wie z. B. die Änderungskündigung oder einfach das Durchhalten des Arbeitskampfs, zu Gebote[90]. Auch von Willkür kann keine Rede sein, was schon daraus erhellt, daß eine Reihe anderer Staaten Streik und Aussperrung unterschiedlich behandeln und die Aussperrungsfreiheit einschränken[91].

h) Wieder grundsätzlich anders setzt demgegenüber *Scholz* in der jüngsten monographischen Behandlung des Themas[92] die Akzente, indem er die liberale Seite des Grundrechts der Koalitionsfreiheit stärker betont und gegenüber staatlichen Eingriffen abschirmt. Art. 9 Abs. 3 GG geht nach Scholz von einer vorgegebenen Gleichheit der Koalitionspartner aus und setzt diese voraus. Er vertraut auf das freiheitliche Spiel der Kräfte und die in ihm erstellte Balance. Der Staat hat die in gesellschaftlicher Autonomie gebildete Gleichheit zu achten[93] und ist daher prinzipiell zur Neutralität gegenüber den Auseinandersetzungen der Sozialpartner gezwungen[94]. Erst wenn der freie Ausgleich zwischen

---
[86] S. 41.
[87] S. 50.
[88] S. 52.
[89] S. 55.
[90] S. 57.
[91] S. 73 ff.
[92] Koalitionsfreiheit als Verfassungsproblem, 1971, S. 264 ff. und passim.
[93] S. 264.
[94] S. 352.

ihnen nicht mehr funktioniert, ist er befugt, dann aber zugleich verpflichtet, einzugreifen, und zwar mit dem Ziel, „die gestörte Gleichberechtigung (wieder) herzustellen oder die verfahrenstechnischen Voraussetzungen für einen wirksamen Interessenausgleich zu schaffen"[95]. Wie der Staat dann vorgeht, liegt grundsätzlich in seinem Ermessen. Er hat die erforderlichen Maßnahmen zu ergreifen, wozu auch Strukturänderungen gehören können, soweit sie geeignet sind, ein nicht mehr intaktes Paritätssystem zu reparieren oder zu erneuern[96]. Im Grenzfall kommen selbst Eingriffe in die einzelnen Kampfmittel in Betracht, denn deren Existenz und Effektivität spielen nur eine untergeordnete, instrumentale Rolle, sofern nur auf's Ganze gesehen ein ausreichendes Gleichgewicht herrscht[97].

Ein gesetzliches Verbot des Streiks wäre unter solchen Aspekten verfassungsrechtlich unzulässig, weil der Streik das einzige wirksame Kampfmittel der Arbeitnehmerschaft darstellt, ohne welches diese einen gegenseitig-gleichen Arbeitskampf nicht führen könnte[98]. Ob für die Aussperrung das Gleiche gilt, hält *Scholz* dagegen für zweifelhaft und bislang nicht nachgewiesen[99]. Er meint, die Beurteilung der Frage könne sich im zeitlichen Ablauf auch verschieben. Konsequent fällt er über das Aussperrungsverbot der Hessischen Verfassung kein ein für allemal gültiges, abschließendes Urteil. Dazu schreibt er:

„Die Bestimmung des Art. 29 V HessV erfolgte aus Gründen der sozialen Gleichstellung. Sie war zumindest im Zeitpunkt ihrer Inkraftsetzung für paritätsgerecht zu erachten. Bei gebotener restriktiver Auslegung vermag sie dies auch heute zu sein. Voraussetzung hierfür ist allein, daß die hier verfügte Beschränkung der arbeitgeberischen Kampfmittel keine grobe Störung der koalitionsmäßigen Wettbewerbsverhältnisse auslöst. Da für eine solche Annahme vorerst kaum Anhalt besteht, lassen sich gegen die Verfassungsmäßigkeit des Art. 29 V HessV zumindest heute keine durchgreifenden Gleichheitseinwände erheben[100]."

Daraus folgt, daß *Scholz* auch gegenwärtig ein gesetzliches Aussperrungsverbot für zulässig hält, sofern das Gleichgewicht zwischen den Sozialpartnern gestört ist und nur auf diesem Weg wiederhergestellt werden kann.

### 4. Zusammenfassung und kritische Würdigung

In der vorstehenden Übersicht konnte es nicht darauf ankommen, die Literatur zu dem Thema vollständig wiederzugeben. Die darge-

---

[95] S. 353.
[96] S. 265.
[97] S. 353 f.
[98] S. 354.
[99] S. 354.
[100] S. 266.

## 4. Zusammenfassung und kritische Würdigung

stellten Äußerungen, die als repräsentativ für eine große Zahl weiterer zu gelten haben[101], lassen erkennen, wie außerordentlich schwankend und unsicher die Wissenschaft bis heute in ihrem Urteil über Grund und Grenzen der verfassungsrechtlichen Koalitionsgarantie und ganz besonders der Gewährleistung des Arbeitskampfs ist. Nimmt man die Autoren aus, welche Art. 9 Abs. 3 GG von vornherein nur einseitig den Arbeitnehmern zugute kommen lassen[102], so besteht zwar im wesentlichen Einigkeit hinsichtlich eines äußersten Rahmens: Arbeitskämpfe sind grundsätzlich erlaubt, weshalb ein allgemeines gesetzliches Arbeitskampfverbot mit der Verfassung nicht zu vereinbaren wäre. Auf der anderen Seite gilt die hiermit den Koalitionen gewährte Freiheit nicht schrankenlos, sondern nur in gewissen Grenzen, welche, da das Grundgesetz sie nicht selbst gezogen hat, vom Gesetzgeber und, solange dieser säumig bleibt, von der höchstrichterlichen Rechtsprechung zu präzisieren sind. Doch endet der Konsens bei dergestalt allgemeinen Formeln, die zur Lösung weniger zentraler Punkte hinreichen mögen, über die Gretchenfrage nach der Zulässigkeit eines gesetzlichen Aussperrungsverbots aber nichts Zuverlässiges aussagen. Daß die Meinungen zu Art. 29 Abs. 5 der Hessischen Verfassung gespalten sind, kann daher nicht verwundern. Es besteht *keine Hoffnung, für die Antwort auf das Gutachtenthema eine breite und ausreichend fundierte herrschende Meinung zu finden.*

Um weiter zu kommen, erscheint es angezeigt, die *verfassungsrechtlichen Begründungszusammenhänge* auszuleuchten, auf welche sich die zitierten Autoren berufen, und zu fragen, ob sie einem Aussperrungsverbot entgegenstehen. Vor allem *Rüthers, Weber* und *Scholz*[103] beziehen sich auf die *geschichtliche Entwicklung des Arbeitskampfrechts*

---

[101] Vgl. z. B. *Reuß*, Die Grenzen legaler Arbeitskämpfe, in: Juristenjahrbuch Bd. 4, 1963/64, S. 163 ff.; *ders.*, Die Stellung der Koalitionen in der geltenden Rechtsordnung, in: Das Arbeitsrecht der Gegenwart, I, 1964; *Kunze*, Streikbereitschaft als Voraussetzung der Tariffähigkeit, BB 1964, S. 1311 ff.; *Biedenkopf*, Grenzen der Tarifautonomie, 1964, S. 25 ff., 88; *H. Krüger*, Sinn und Grenzen der Vereinbarungsbefugnis der Tarifvertragsparteien, Gutachten zum 46. Deutschen Juristentag 1966, S. 12 ff., 19 ff., 34 ff.; *G. Müller*, Die Koalitionen in der Rechtsordnung der BRD, JuRJahrB 10, 1969, S. 125 (138 ff.); *ders.*, Der Arbeitskampf als Rechtsinstitution — Gedanken zum Arbeitskampfrecht in der Bundesrepublik Deutschland, ArbuR 1972, 1 ff. (5); *Galperin*, Die Stellung der Gewerkschaften im Staatsgefüge, Betr. 1970, S. 300; *Löwisch*, Das Übermaßverbot im Arbeitskampfrecht, ZfA 1971, S. 319; *Scheuner*, Verfassungsrechtliche Gesichtspunkte zu der Fortbildung des Arbeitskampfrechts, RdA 71, 327; *Däubler*, Das Grundrecht auf Mitbestimmung, 1974, S. 112 ff., 174 ff.; *Badura*, Arbeitsgesetzbuch, Koalitionsfreiheit und Tarifautonomie, RdA 1974, S. 135; ferner die bei *Hueck / Nipperdey*, Arbeitsrecht II/1, § 1 und II/2, § 47 B angegebene Literatur.
[102] Siehe oben S. 29 Anm. 1.
[103] Oben S. 37, 39, 43.

und argumentieren, der Verfassungsgeber habe die daraus hervorgegangene Realität vorausgesetzt und rezipiert. Da die Mitglieder des Parlamentarischen Rats expressis verbis an den überkommenen Zustand und den Erfahrungen vor 1933 anknüpften[104], verdient das Argument auch zweifellos Beachtung. *Rüthers* ist auch beizupflichten, wenn er schreibt, der Verfassungsgeber habe sich nicht einfach über die gewachsene Verfassungswirklichkeit hinwegsetzen können. Gleichwohl reicht aber der Hinweis auf die historisch gewordene Realität nicht aus, deren normative Geltung zu begründen, und angesichts der sehr differenzierten Beratungen im parlamentarischen Rat und in seinen Ausschüssen läßt sich auch schwerlich behaupten, die Väter des Grundgesetzes hätten den tradierten Zustand verfassungskräftig für die Zukunft festschreiben wollen. Der Wortlaut des Art. 9 Abs. 3 GG, der sich mit sehr allgemeinen Sätzen begnügt und jedes Detail vermeidet, spricht deutlich dagegen. Auch das Bundesverfassungsgericht betont, die Verfassung verhindere die „gedeihliche Fortbildung des Tarifrechts" nicht[105]. Aus diesen Gründen ist das Problem mit dem bloßen Hinweis auf die geschichtliche Entwicklung nicht zu bewältigen.

Demselben methodischen Verdikt fällt auch das weitere Argument anheim, *die autonom handelnden Sozialpartner seien besser als die Staatsgewalt imstande, die Löhne und Arbeitsbedingungen befriedigend zu regulieren.* Es mag als Indiz für Sinn und Zweck der Koalitionsgarantie zwar nützliche Dienste leisten, reicht aber als rein empirisches Faktum nicht aus, normativ deren Inhalt und Grenzen zu definieren. Statt dessen kommt es darauf an, die normativen Prämissen zu klären, auf welche sich die genannten Autoren stützen.

*Rüthers* und *Bulla* leiten die Garantie des Koalitionswesens aus einem von ihnen postulierten Grundsatz der *sozialen Selbstverwaltung* ab, den sie seinerseits dem *Sozialstaatsprinzip* entnehmen. Indessen erweckt diese Begründung in mehrfacher Hinsicht Bedenken: Der Wortsinn des Begriffs „sozialer Bundesstaat" in Art. 20 Abs. 1 GG bzw. „sozialer Rechtsstaat" in Art. 28 Abs. 1 GG ergibt nichts zugunsten der Geltung eines allgemeinen Prinzips der sozialen Selbstverwaltung. Die in Art. 28 Abs. 2 GG gewährleistete Selbstverwaltung bezieht sich nur auf die Gemeinden. In der verfassungsrechtlichen Literatur ist die soziale Selbstverwaltung als ein allgemein anerkanntes, im Sozialstaatsprinzip wurzelndes Rechtsinstitut gleichfalls unbekannt[106]. Selbst wenn das Sozialstaatsprinzip aber eine in diese Richtung weisende Komponente enthalten sollte, würde sie durch das dem Prinzip gleichfalls im-

---

[104] Siehe oben Abschn. II 3.
[105] BVerfGE 4, 96 (108).
[106] In dem Kommentaren zum Grundgesetz ist bei Art. 20 GG von einem Prinzip der sozialen Selbstverwaltung nicht die Rede.

manente und beherrschend hervortretende Gebot neutralisiert, die sozial Schwächeren, im Arbeitsrecht die Arbeitnehmer, kraft Gesetzes und unter Einsatz staatlicher Mittel zu schützen, das — wie dargelegt[107] — in der Literatur benutzt wird, um die Begrenzung der Koalitionsautonomie durch den Staat und die Zulässigkeit eines Aussperrungsverbots zu begründen. Nicht zuletzt ist der Begriff der sozialen Selbstverwaltung so allgemein, daß er sich einer Konkretisierung entzieht, die es erlauben würde, Einzelfragen des Arbeitskampfrechts mit seiner Hilfe mit ausreichender Sicherheit zu entscheiden. Nur so weit kann man deshalb *Rüthers* und *Bulla* unbedenklich zustimmen, als sie den Gedanken der sozialen Selbstverwaltung als begriffliches Hilfsmittel verstehen, den Sinn der in Art. 9 Abs. 3 GG speziell gewährleisteten Koalitionsfreiheit zu erklären. Aber dann kommt ihm nur eine heuristische, keine normative Funktion zu. Vor allem sagt er dann nichts darüber aus, wo im Rahmen des Art. 9 Abs. 3 GG die Grenzen zwischen der sich in den Formen des kollektiven Arbeitsrechts vollziehenden sozialen Selbstverwaltung und der staatlichen Regelungsbefugnis oder -pflicht verlaufen. Aus diesen Gründen führt *Rüthers* und *Bullas* Ansatz, soweit er sich auf den Begriff der sozialen Selbstverwaltung stützt, für die Antwort auf die Gutachtenfrage nicht weiter.

Ähnliches gilt für das von *Weber* und *Säcker* in die Debatte geworfene *Demokratieprinzip*. Wenn man versucht, aus dem Begriff der Demokratie und seiner Verwendung in Art. 20 Abs. 1 und 28 Abs. 1 GG rechtliche Maßstäbe für die Grenzen der Koalitionsfreiheit zu gewinnen, stößt man auch hier alsbald auf Schwierigkeiten, die darin wurzeln, daß er gegenläufige Elemente vereinigt. *Weber* leitet aus der demokratischen Verfassung eine Verantwortung der Staatsorgane ab, den sozialen Rechtsstaat selbst zu verwirklichen, und zeigt sich deshalb bereit, die Koalitionsfreiheit zugunsten hoheitlicher Regelungen weitgehend zu beschneiden. Umgekehrt sieht *Säcker* im Demokratiegebot gerade einen Rechtfertigungsgrund dafür, die Regelung der Arbeits- und Wirtschaftsbedingungen der Staatsverwaltung so weit wie möglich zu entziehen und den Sozialpartnern selbst als deren eigene Angelegenheit zu überantworten. In der Tat sind in dem Demokratiebegriff, wie er in den Staaten westlicher Prägung üblicherweise verstanden wird, beide Elemente angelegt. Je nach dem, welche Seite ein Autor betont, wird er daher auch die Zuständigkeit des Staates enger oder weiter ziehen, ohne daß sich mit den Mitteln der Verfassungsinterpretation für alle verbindliche Abgrenzungsmaßstäbe angeben ließen. Ist dem aber so, dann läßt sich auch mit Hilfe des Demokratiebegriffs eine objektivierbare Antwort auf die Gutachtenfrage nicht finden.

---

[107] Siehe oben S. 31, 40.

III. Die Koalitionsfreiheit und ihre Schranken in der Literatur

Die Mehrzahl der genannten Autoren verankert die Koalitionsautonomie demgegenüber im *Prinzip des liberalen Rechtsstaats*. Dafür spricht, daß das Tarifvertrags- und Arbeitskampfwesen und seine rechtliche Ausformung ideengeschichtlich in der Tat ein Produkt des Liberalismus in der zweiten Hälfte des 19. und im ersten Viertel des 20. Jahrhunderts darstellen, welcher die Ordnung der wirtschaftlichen und sozialen Lebensbedingungen grundsätzlich den einzelnen Menschen und den sozialen Gruppen überließ und den Staat darauf beschränkte, dafür einen formalen rechtlichen Rahmen zu setzen[108]. Indem die Väter des Grundgesetzes die verfassungsrechtliche Koalitionsgarantie als ein gegen den Staat gerichtetes Freiheitsrecht konzipierten, bekannten sie sich zu diesen liberalen Vorstellungen und statteten sie auch für die Bundesrepublik Deutschland mit Verfassungsrang aus. Insofern eignet Art. 9 Abs. 3 GG unzweifelhaft auch heute eine auf Beschränkung der staatlichen Regelungsbefugnisse ausgerichtete Tendenz, die es nahe legt, ein Verbot der Aussperrung als des angestammten, autonom entstandenen Kampfmittels der Arbeitgeber für unzulässig zu erklären. Das Gewicht einer solchen Argumentation würde noch dadurch verstärkt, daß die Vorschrift im Gegensatz zu den meisten anderen Grundrechten keinen Gesetzesvorbehalt kennt.

Gleichwohl geht keiner der genannten Autoren so weit, die liberalstaatliche Komponente des Grundgesetzes und speziell des Art. 9 Abs. 3 GG derart zu verabsolutieren, daß der Staat aus der Regelung der Arbeits- und Wirtschaftsbedingungen sowie des Arbeitskampfrechts völlig verdrängt wird; vielmehr verbleibt dem Gesetzgeber in jedem Fall eine gewisse Regelungsbefugnis. Sie wird oberflächlich damit begründet, daß Art. 9 Abs. 3 GG in der vom Grundgesetz gewählten Gestalt nicht praktikabel sei, ohne daß der Gesetzgeber für das Koalitionsverfahren wenigstens die notwendigen Ordnungs- und Verfahrensvorschriften erläßt. Der tiefer liegende Grund ist in dem Umstand zu suchen, daß das Grundgesetz nicht den liberalen Staat des 19. Jahrhunderts wiedererweckt hat, sondern liberale und soziale Elemente verbindet, namentlich im Sozialstaatsprinzip dem Staat eine Verantwortung für „die gute Ordnung" auch der gesellschaftlichen und wirtschaftlichen Prozesse aufbürdet, welcher er sich nicht entziehen kann. Der Staat kann soziale Vorgänge, die außenstehende Dritte oder die Allgemeinheit betreffen, nicht mehr sich völlig selbst überlassen. Wenn es aber zu den verfassungsmäßigen Aufgaben des Staates gehört, für eine ausgewogene Sozialordnung zu sorgen, müssen ihm auch die dazu notwendigen Mittel an die Hand gegeben werden. Dies gilt speziell auch für Arbeitskämpfe, denn sie berühren die Öffentlichkeit in erheb-

---

[108] Vgl. dazu statt aller *Ramm*, Der Arbeitskampf und die Gesellschaftsordnung des Grundgesetzes, S. 16 ff., 26 ff.

## 4. Zusammenfassung und kritische Würdigung

lichem Ausmaß. Aus diesen Gründen ist den genannten Autoren beizupflichten, wenn sie, ohne Rücksicht auf alle sonstigen Differenzen, einmütig die Ansicht vertreten, daß die Koalitionen, obwohl ein Gesetzesvorbehalt in Art. 9 Abs. 3 GG fehlt, keine völlig uneingeschränkte Freiheit genießen.

Die entscheidende Frage, wie tief die aus dem Sozialstaatsprinzip gerechtfertigte Begrenzung der Koalitionsfreiheit greift, läßt sich allerdings mit diesen grundsätzlichen Überlegungen allein wiederum noch nicht befriedigend lösen. Nicht von ungefähr ist auch sie daher Gegenstand kontroverser Meinungen. Die engsten Grenzen zieht *Nipperdey*[109], wenn er die Subsidiarität der staatlichen Regelungsbefugnis gegenüber der grundrechtlichen Freiheitsgarantie behauptet und den Eingriff erst dann für zulässig erachtet, wenn „das sozialverpflichtete Verhalten auf freiwilliger Grundlage versagt und die Ziele des sozialen Rechtsstaats dadurch ernstlich gefährdet würden"[110]. Hier wird die Intervention des Staates zum Ausnahmefall, der stets einer besonderen Begründung bedarf, nur unter ungewöhnlichen Bedingungen zulässig ist und der freien Entfaltung des Arbeitskampfs solange nichts in den Weg legt, als sie nicht zu für das Gemeinwohl unerträglichen Resultaten führt. Da den Sozialpartnern in dieser Sicht auch die freie Wahl der Kampfmittel gestattet sein muß, erscheint ein gesetzliches Verbot der Aussperrung als unzulässig, es sei denn, die Aussperrung führt nachweislich zu schweren Schäden für die Allgemeinheit, welche der Staat keinesfalls mehr hinnehmen kann.

Am anderen Ende der Skala stehen *Evers* und *Lerche,* welche die Prärogative des Staats bei der Regelung der Arbeits- und Wirtschaftsbedingungen außerordentlich stark betonen und der den Koalitionen vom Grundgesetz gewährten Freiheitsgarantie einen relativ niedrigeren verfassungsnormativen Wert zuerkennen. Wenn *Evers* ausführt[111], die Aussperrung könne nur insoweit grundrechtlichen Schutz genießen, als sie zur Ordnung und Befriedung des Arbeitslebens notwendig ist, dieses Ziel demnach nicht auf andere Weise erreicht werden kann, so überläßt er es dem Staat in nahezu beliebigem Umfang, die Materie an sich zu ziehen, und degradiert die Tarifautonomie und die Arbeitskampffreiheit zum Ausnahmefall. Dasselbe gilt für *Lerches* Ansicht[112], der Gesetzgeber sei befugt, die Instrumente und Startbedingungen des Arbeitskampfs festzulegen, denn auf solche Weise gewinnt dieser die

---

[109] Siehe oben Abschn. III 3 b.
[110] Vgl. auch *Scholz*, S. 352, der den Eingriff für zulässig erklärt, wenn das Gleichgewicht der Sozialpartner gestört ist und das Konsensverfahren zwischen ihnen nicht mehr funktioniert.
[111] Oben Abschn. III 3 f.
[112] Oben Abschn. III 3 g.

Handhabe zu bestimmen, wann und in welchen Fällen das Koalitionsverfahren überhaupt in Gang kommen kann. Den Koalitionen verbleibt auch hier von vornherein nur der ihnen vom Gesetzgeber gelassene Spielraum. Die von *Lerche* bezeichnete Grenze, wonach der Eingriff unzulässig wird, wenn er den „antagonistischen Grundcharakter des Gesamtverhältnisses der Sozialpartner" oder die Basis des allgemeinen Ordnungs- und Friedenszieles[113] mißachtet, weist nicht genügend Substanz auf, die Tarifautonomie so kraftvoll zu stützen, daß sie sich gegen den staatlichen Vorrang durchzusetzen vermöchte. Vollends ist das von Lerche weiterhin herangezogene Willkürverbot dazu ungeeignet.

Für beide Autoren bildet im Ergebnis die Prärogative der Staatsgewalt vor den Tarifpartnern die verfassungsrechtliche Prämisse, von der aus sich die Zulässigkeit eines gesetzlichen Aussperrungsverbots leicht begründen läßt. Immerhin mag es nicht nutzlos sein, darauf hinzuweisen, daß in solcher Perspektive auch der Streik gegen massive Eingriffe von seiten des Gesetzgebers nicht mehr geschützt ist. Da Art. 9 Abs. 3 GG die Autonomie der Arbeitgeber- und Arbeitnehmerkoalitionen gleichermaßen schützt, muß jede Lösung des Konflikts, wie immer sie lautet, prinzipiell beide Sozialpartner benachteiligen oder begünstigen. Je stärker die Staatsgewalt also betont, je eher ein Aussperrungsverbot für statthaft erachtet wird, desto enger sind deshalb auch die der Streikfreiheit gezogenen Grenzen. Umgekehrt bedeutet weitgehende Aussperrungsfreiheit auch weitgehende Streikfreiheit. Da so jede Lösung Vorzüge und Nachteile für beide Parteien birgt, ist es offen und nicht allgemein auszumachen, zu wessen Gunsten die Entscheidung in der einen oder anderen Richtung letztlich ausschlägt.

### 5. Die Judikatur des Bundesverfassungsgerichts zu Art. 9 Abs. 3 GG

Nach alledem ist es in der gegenwärtigen Lage ausgeschlossen, aus der rechtswissenschaftlichen Literatur Kriterien zu gewinnen, nach denen die Spannung zwischen Koalitionsfreiheit und staatlichem Regelungsanspruch eindeutig gelöst und eine vom Konsens der Juristen getragene Grenze für den Eingriff des Gesetzgebers fixiert werden könnte, die auch über die Zulässigkeit eines gesetzlichen Aussperrungsverbots eine gesicherte Aussage erlaubte. Aus diesen Gründen empfiehlt es sich, sich zur Beantwortung der Gutachtenfrage vor allem an der *Judikatur des Bundesverfassungsgerichts* zu orientieren, das den Konflikt in letzter Instanz zu entscheiden hat, und also zu fragen, ob sich dort Anhaltspunkte finden, wie das Gericht ein gesetzliches Aussperrungsverbot beurteilen würde.

---

[113] Oben S. 43.

## 5. Die Judikatur des Bundesverfassungsgerichts zu Art. 9 Abs. 3 GG

Auch dieser Weg kann allerdings kaum zu restlos gesicherten Ergebnissen führen, denn das Bundesverfassungsgericht hatte bisher noch keinen Anlaß, sich genauer mit dem Arbeitskampf zu befassen. In seiner älteren Judikatur ist überhaupt nur ein einziges Mal expressis verbis davon die Rede, wenn es im Urteil vom 6. Mai 1964[114] vom engen Zusammenhang zwischen dem Arbeitskampf und dem Zustandekommen von Tarifverträgen handelt. Erstmals im Beschluß vom 19. 2. 1975[115], der sich auf die Aussperrung von Betriebsratsmitgliedern bezieht, ist der Arbeitskampf selbst Gegenstand seiner Entscheidung. Auch dieser Beschluß beendet indessen die Unbestimmtheit der Rechtslage nicht, da das Gericht den umstrittenen Kernfragen der Interpretation des Art. 9 Abs. 3 GG, auf die es hier ankommt, peinlich genau aus dem Wege geht. Angesichts eines solchen Befundes kann es sich nur darum handeln, mittels Extrapolation und Analogie Schlüsse zu ziehen, wo das Gericht die Grenzen zwischen Arbeitskampffreiheit und Regelungsbefugnis des Gesetzgebers ziehen wird, die in gewissem Sinn spekulativ bleiben müssen. Immerhin lassen die Erkenntnisse, welche das Gericht über Zweck und Schranken der Koalitionsgarantie in Art. 9 Abs. 3 GG bisher formuliert hat, konstante Vorstellungen und Entwicklungslinien erkennen, welche die Prognose begründet erscheinen lassen, es werde bezüglich des Arbeitskampfs einer gleichartigen Konzeption Raum geben[116].

Eine analoge Beurteilung von Koalitionsgarantie und Arbeitskampf im Lichte der Judikatur des Bundesverfassungsgerichts rechtfertigt sich nicht zuletzt deshalb, weil die Ausführungen des Gerichts darauf hinauslaufen, beide als eng zusammengehörende und aufeinander bezogene Rechtsinstitute, man könnte fast sagen, als rechtliche Einheit zu betrachten. Von Anfang an interpretiert das Gericht die verfassungsrechtliche Garantie der Koalitionsfreiheit vor dem Hintergrund ihres „historisch gewordenen Sinnes"[117], zu dem auch, und zwar entscheidend, gehört, daß die Koalitionen Arbeitskämpfe führen. Es versteht Art. 9 Abs. 3 GG nicht nur als Gewährleistung des individuellen Rechts, sich zu Koalitionen zusammenzuschließen, sondern als institutionelle „Garantie eines Tarifvertragssystems im Sinne des modernen Arbeitsrechts"[118], zu dessen integralen Bestandteilen wiederum auch das Ar-

---

[114] BVerfGE 18, 18 (30, 32).
[115] DB 1975, S. 792.
[116] Ich teile daher nicht die Meinung von Zöllner, Die Rechtsprechung des Bundesverfassungsgerichts zu Art. 9 Abs. 3 GG, AÖR 1973, S. 71 ff. (98 ff.), wonach die Grenzen der Gewährleistung von Streik und Aussperrung aus der bisherigen Judikatur des Bundesverfassungsgerichts schlechthin nicht abzuleiten seien.
[117] BVerfGE 4, 96 (106).
[118] S. 106.

beitskampfsystem gezählt werden muß. Als den Zweck des Tarifvertragssystems bezeichnet es „eine sinnvolle Ordnung des Arbeitslebens, insbesondere der Lohngestaltung, unter Mitwirkung der Sozialpartner"[119] sowie die soziale Befriedung der Gemeinschaft auf diesem Wege[120], und ergänzt diesen Gedanken selbst durch die Bemerkung, „daß der Arbeitskampf oder wenigstens seine Möglichkeit von entscheidender Bedeutung dafür sein kann, daß überhaupt ein Tarifvertrag zustandekommt, und ... insbesondere, welche Arbeitsvergütung er festlegt"[121]. Auch hinter einer friedlichen Übereinkunft der Tarifpartner stehe letztlich in der Regel die Drohung mit dem Arbeitskampf[122].

In der Entscheidung vom 19. Februar 1975[123] erklärt das Gericht zwar formell, es bedürfe keines Eingehens auf die Frage, wie der Arbeitskampf im allgemeinen und die Aussperrung im besonderen verfassungsrechtlich zu beurteilen sind. Auf der anderen Seite ist es aber weit davon entfernt zu argumentieren, Arbeitskämpfe genießen nicht den Schutz des Art. 9 Abs. 3 GG, was nahe gelegen hätte, wenn es tatsächlich der Meinung gewesen wäre. Im Gegenteil unterstellt es zugunsten der Beschwerdeführerin, „daß Art. 9 Abs. 3 GG a. F. den Arbeitskampf und damit die Aussperrung durch einen einzelnen Arbeitgeber grundsätzlich verfassungsrechtlich garantiert", um dann die in seiner früheren Judikatur für die Koalitionsgarantie und ihre Grenzen entwickelten Formulierungen unvermittelt und ohne jede weitere Begründung auch auf den vorliegenden Fall einer Aussperrung anzuwenden.

Eine solche Diktion macht es, ungeachtet aller verbalen Vorbehalte, nahezu zur Gewißheit, daß das Bundesverfassungsgericht gewillt ist, dem Arbeitskampf und den einzelnen Arbeitskampfmaßnahmen prinzipiell den Schutz des Art. 9 Abs. 3 GG zukommen zu lassen, und daß es auch die Grenzen der Arbeitskampffreiheit nach denselben Regeln beurteilen wird, die es für den Schutzumfang der Koalitionsfreiheit aufgestellt hat.

Mit gutem Gespür ist daher *Säcker*[124] schon 1969 so weit gegangen, die Kernsätze des Grundsatzurteils zur Tariffähigkeit vom 18. 11. 1954[125] wörtlich auf den Arbeitskampf anzuwenden, indem er im Text die Begriffe des Tarifvertrags, der Tariffähigkeit, des Tarifvertragssystems

---

[119] S. 107, ferner BVerfGE 18, 18 (28).
[120] BVerfGE 18, 18 (28).
[121] BVerfGE 18, 18 (30).
[122] S. 30.
[123] DB 1975, S. 792.
[124] Grundprobleme der Koalitionsfreiheit, S. 84.
[125] BVerfGE 4 ,96.

## 5. Die Judikatur des Bundesverfassungsgerichts zu Art. 9 Abs. 3 GG

usw. einfach durch die des Arbeitskampfs, der Arbeitskampffreiheit, des Arbeitskampfsystems usw. ersetzt hat. Es ist anzuerkennen, daß eine solche Transposition der einschlägigen Passagen des Urteils von der Tariffähigkeit auf das Arbeitskampfrecht die mutmaßliche Ansicht des Gerichts mit hoher Wahrscheinlichkeit zutreffend ermittelt.

Wir können uns Säckers Trick auch hier zu eigen machen. Schließt man sich seiner Extrapolationsmethode an, so lesen sich die entscheidenden Abschnitte im genannten Urteil des *Bundesverfassungsgerichts* wie folgt[126]:

„Wenn die in Art. 9 Abs. 3 GG garantierte Koalitionsfreiheit nicht ihres historisch gewordenen Sinnes beraubt werden soll, so muß im Grundrecht des Art. 9 Abs. 3 GG ein verfassungsrechtlich geschützter Kernbereich auch in der Richtung liegen, daß ein Tarifvertragssystem (Säcker: Arbeitskampfsystem) im Sinne des modernen Arbeitsrechts staatlicherseits überhaupt bereitzustellen ist. ... Gleichwohl kann es nicht der Sinn der in Art. 9 Abs. 3 GG gewährleisteten Koalitionsfreiheit sein, daß der Gesetzgeber schlechthin jede Koalition zum Abschluß von Tarifverträgen (schlechthin jeden Arbeitskampf) für zulässig erklären muß. Geht man nämlich davon aus, daß einer der Zwecke des Tarifvertragssystems (des Arbeitskampfs) eine sinnvolle Ordnung des Arbeitslebens, insbesondere der Lohngestaltung unter Mitwirkung der Sozialpartner sein soll, so müssen die sich aus diesem Ordnungszweck ergebenden Grenzen der Tariffähigkeit (Arbeitskampffreiheit) auch im Rahmen der Koalitionsfreiheit wirksam werden. Diese Grenzen der Tariffähigkeit zu ziehen, ist an sich eine Aufgabe des gesetzgeberischen Ermessens. ... In der Gestaltung des Tarifsystems (Arbeitskampfsystems), insbesondere in seiner sachgemäßen Fortbildung, ist der Gesetzgeber nur dadurch beschränkt, daß mit dem Grundrecht der Koalitionsfreiheit zugleich die Institution eines gesetzlich geregelten und geschützten Tarifvertragssystems (Arbeitskampfsystems) verfassungsrechtlich gewährleistet ist. ... Dieser mit der Koalitionsfreiheit zugleich gewährleistete Kernbereich des Tarifvertragssystems (Arbeitskampfsystems) verbietet es dem Gesetzgeber, die von Vereinigungen frei gewählten Organisationsformen (Kampfformen) schlechthin oder in entscheidendem Umfang bei der Regelung der Tariffähigkeit (bei der Regelung des Arbeitskampfes) unberücksichtigt zu lassen und auf diese Weise das Grundrecht der Koalitionsfreiheit mittelbar auszuhöhlen. Der Gesetzgeber darf also einerseits die Tariffähigkeit (Arbeitskampffreiheit) nicht ausschließlich oder in entscheidendem Maße an solche Organisationsformen und -prinzipien (Kampfformen und -prinzipien) binden, die von den frei gebildeten Vereinigungen allgemein oder vorwiegend abgelehnt werden. Andererseits ist er nicht genötigt, außergewöhnliche Organisationsformen (Kampfformen) oder solche, die durch die tatsächliche Entwicklung des sozialen Lebens nahezu völlig oder doch im wesentlichen als überholt gelten dürften, auch dann bei der Regelung der Tariffähigkeit (des Arbeitskampfes) zu berücksichtigen, wenn sich daraus erhebliche Störungen einer sinnvollen Ordnung des Arbeitslebens, vor allem

---

[126] BVerfGE 4, 106 -109. Ich zitiere den sich auf die Tariffähigkeit beziehenden Wortlaut und setze die Übertragung auf den Arbeitskampf nach *Säcker* jeweils in Klammern dazu.

### III. Die Koalitionsfreiheit und ihre Schranken in der Literatur

schwer überwindbare Schwierigkeiten für die Gestaltung des Tarifrechts in Richtung der Tarifklarheit und Rechtssicherheit (des Arbeitskampfrechts in Richtung der Rechtssicherheit) ergeben würden. ... Das Ermessen des Gesetzgebers, der bei der Normierung der Tariffähigkeit (des Arbeitskampfrechts) sowohl die historische Entwicklung des Tarifwesens (Arbeitskampfwesens) als auch eine für die Ordnung des Soziallebens gedeihliche Fortbildung des Tarifrechts (Arbeitskampfrechts) ... wird berücksichtigen müssen, findet seine Grenze darin, daß die freie Entwicklung der Koalitionen und damit auch ihr Entscheidungsrecht über ihre Organisationsform (über die von ihnen gewählten Kampfformen) nicht sachwidrig gehemmt oder in seinem Kern angetastet werden darf."

Verfolgt man die in den vorstehenden Sätzen entwickelten Gedankengänge genauer, so zeigt sich alsbald, daß das Bundesverfassungsgericht jedenfalls keinem der beiden in der Literatur eingenommenen extremen Standpunkte zuneigt. Im Unterschied zu *Nipperdey* ist in dem Urteil weder den Worten noch der Sache nach von der Subsidiarität des staatlichen Eingriffs gegenüber der Koalitionsautonomie die Rede; im Gegenteil wird die Eingriffsbefugnis und das dabei waltende gesetzgeberische Ermessen sehr stark betont. Auf der anderen Seite räumt das Gericht dem Gesetzgeber aber auch nicht, wie *Evers* und *Lerche*, einen Vorrang ein, sondern setzt ihm durch die Kernbereichsgarantie spürbare Grenzen. Es bemüht sich augenscheinlich um eine ausgewogene mittlere, wenn man so will, dialektische Lösung, welche beide Komponenten in ein bewegliches Gleichgewicht zueinander zu bringen sucht und ihr relatives Gewicht gegeneinander abwägt, so daß sich im Ergebnis weder das Freiheitsrecht noch der staatliche Regelungsanspruch uneingeschränkt behauptet, von beidem aber ein Kern erhalten bleibt. Die Abgrenzung muß sich, wie das Gericht unüberhörbar sagt, an den Umständen des Einzelfalls orientieren[127]. Als Richtpunkte dienen dabei Sinn und Zweck des Koalitionsverfahrens, die historisch gewachsenen Gegebenheiten sowie die Entwicklungstendenzen des Soziallebens.

Ein spezieller Hinweis auf die mutmaßliche Behandlung von Streik und Aussperrung ergibt sich aus dem Urteil, wenn man beide mit *Säkker* als Kampfformen den Organisationsformen der Koalitionen, von denen die Urteilsbegründung redet, gleichsetzt. Der Gesetzgeber darf dann die von den Vereinigungen frei gewählten Kampfformen, also auch die Aussperrung, nicht „schlechthin oder in entscheidendem Umfang unberücksichtigt" lassen, ist aber auf der anderen Seite auch nicht genötigt, an außergewöhnlichen oder im wesentlichen überholten Kampfformen festzuhalten, wenn sich daraus erhebliche Störungen einer sinnvollen Ordnung des Arbeitslebens ergeben. Das Ermessen

---

[127] Vgl. die Wendung: „Starre Grundsätze lassen sich nicht aufstellen", S. 108.

## 5. Die Judikatur des Bundesverfassungsgerichts zu Art. 9 Abs. 3 GG

des Gesetzgebers findet auch in diesem Fall seine Grenze, wenn die freie Entwicklung der Koalitionen — und damit auch ihr Entscheidungsrecht über die von ihnen gewählten Kampfformen, das heißt also die freie Entscheidung der Arbeitgeber und Arbeitgeberverbände über die Aussperrung — sachwidrig gehemmt oder in ihrem Kern angetastet würde.

In der folgenden Zeit kommt das Gericht der Sache nach und teilweise bis zu den Formulierungen immer wieder auf diese Leitentscheidung zurück. Im Urteil vom 6. 5. 1964[128] heißt es, das Grundrecht der Koalitionsfreiheit verpflichte den einfachen Gesetzgeber nur dazu, ein Tarifvertragssystem zur Verfügung zu stellen; es sei daher dessen Sache, die besonderen Voraussetzungen für die Tariffähigkeit zu bestimmen. Das Grundrecht der Koalitionsfreiheit verbiete ihm nur, „die Tariffähigkeit von Umständen abhängig zu machen, die nicht von der Sache selbst, also von der im allgemeinen Interesse liegenden Aufgabe der Ordnung und Befriedung des Arbeitslebens gefordert sind". Auf die Aussperrung übertragen, würden diese Ausführungen besagen: Der Gesetzgeber ist verpflichtet, ein funktionsfähiges Arbeitskampfsystem zur Verfügung zu stellen. Im übrigen kann er die Voraussetzungen der Aussperrung regeln; er darf ihre Zulässigkeit allerdings nur von Umständen abhängig machen, die von der Sache selbst, das heißt von der im allgemeinen Interesse liegenden Aufgabe der Ordnung und Befriedung des Arbeitslebens gefordert sind.

Die Formel, Art. 9 Abs. 3 GG schütze „nur einen Kernbereich der Koalitionsbetätigung", der angetastet wird, wenn ihr „Schranken gezogen werden, die nicht von der Sache selbst gefordert" sind, kehrt auch im nächsten Urteil BVerfGE 19, 303[129] wieder. Dagegen betont das Gericht in BVerfGE 20, 312, stärker die Eingriffsbefugnis des Gesetzgebers, wenn es schreibt:

> „Art. 9 Abs. 3 GG gewährleistet mit der Koalitionsfreiheit auch die sogenannte Tarifautonomie und damit den Kernbereich eines Tarifvertragssystems, weil sonst die Koalitionen ihre Funktion, in dem von der staatlichen Rechtsetzung freigelassenen Raum das Arbeitsleben im einzelnen durch Tarifverträge zu ordnen, nicht sinnvoll erfüllen könnte. Eine solche Gewährleistung ist aber ganz allgemein und umfaßt nicht die besondere Ausprägung, die das Tarifvertragssystem in dem zur Zeit des Inkrafttretens des Grundgesetzes geltenden Tarifvertragsgesetz erhalten hat. Sie läßt dem einfachen Gesetzgeber einen weiten Spielraum zur Ausgestaltung der Tarifautonomie ... Der Befugnis des Gesetzgebers, anderen Zusammenschlüssen ‚als Koalitionen' die Tariffähigkeit zu verleihen, sind gewisse Grenzen gesetzt. Die Koalitionsfreiheit ist nur dann sinnvoll, wenn die Rechtsordnung den Koalitionen auch die Erreichung ihres in Art. 9 Abs. 3

---

[128] BVerfGE 18, 18 (26 f.).
[129] S. 321 f.

GG bezeichneten Zweckes, nämlich die Arbeits- und Wirtschaftsbedingungen ihrer Mitglieder zu wahren und zu fördern, gewährleistet und die Möglichkeit gibt, diesen Zweck durch spezifische koalitionsgemäße Betätigung, also durch Tarifverträge zu verwirklichen[130]."

Die Stelle läßt sich im Hinblick auf den Arbeitskampf und die Arbeitskampfmittel wieder dahin interpretieren, daß die Aussperrung gewährleistet ist, sofern sie notwendig erscheint, die Arbeits- und Wirtschaftsbedingungen durch Tarifverträge sinnvoll zu ordnen, während sie darüber hinaus, namentlich in ihren einzelnen Erscheinungsformen, keinen grundgesetzlichen Schutz genießt, sondern zur Disposition des Gesetzgebers steht.

Das Urteil BVerfGE 28, 295 greift die gleichen Formeln wenig verändert wieder auf, wenn es ausführt, den Koalitionen sei durch Art. 9 Abs. 3 GG die Aufgabe zugewiesen und in einem Kernbereich gewährleistet, die Arbeits- und Wirtschaftsbedingungen in eigener Verantwortung und im wesentlichen ohne staatliche Einflußnahme zu gestalten. Sie erfüllten dabei eine öffentliche Aufgabe. Die Verfassung gewährleiste jedoch die Tätigkeit der Koalitionen nicht schrankenlos. Vielmehr sei es Aufgabe des Gesetzgebers und falle in den Rahmen seiner Gestaltungsfreiheit, die Tragweite der Koalitionsfreiheit dadurch zu bestimmen, daß er die Befugnisse der Koalitionen, also auch die Aussperrung, im einzelnen ausgestaltet und näher regelt. Dem Betätigungsrecht der Koalitionen dürften aber nur solche Schranken gezogen werden, die zum Schutz anderer Rechtsgüter von der Sache her geboten sind. Regelungen, die nicht in dieser Weise gerechtfertigt sind, tasteten den durch Art. 9 Abs. 3 GG geschützten Kernbereich der Koalitionsbetätigung an[131].

Ähnlich lauten die Formulierungen auch im nächsten einschlägigen Urteil[132]:

„Das grundlegend Besondere in diesem Bereich (d. h. in dem durch Art. 9 Abs. 3 GG zugelassenen und garantierten Tarifrecht) ist, daß der Staat seine Zuständigkeit zur Rechtssetzung, soweit es sich um den Inhalt von Arbeitsverträgen handelt, weit zurückgenommen hat. ... Die durch die Vereinbarung der Tarifparteien begründeten und nach Maßgabe des Tarifvertragsgesetzes verbindlichen Regeln für den Inhalt der davon erfaßten Arbeitsverträge sind, wie immer man das im einzelnen begründen mag, ... Rechtsregeln (‚normative Bestandteile des Tarifvertrags') kraft Anerkennung durch die staatliche Gewalt, vorbehaltlich ihrer hier nicht weiter interessierenden Begrenzung durch die staatlichen Gesetze. Dieses Zurücktreten des Staates zugunsten der Tarifparteien gewinnt seinen Sinn ebensosehr aus dem Gesichtspunkt, daß die unmittelbar Betroffenen besser wissen und besser aushandeln können, was ihren beiderseitigen Inter-

---

[130] S. 317 - 320.
[131] S. 303, 305 ff.
[132] BVerfGE 34, 307 (316).

essen und dem gemeinsamen Interesse entspricht, als der demokratische Gesetzgeber, wie aus dem Zusammenhang mit dem für die Gestaltung nicht öffentlich-rechtlicher Beziehungen charakteristischen Prinzip der ‚Privatautonomie', im Grunde also der Entscheidung des Grundgesetzes zugunsten des freiheitlich demokratischen Rechtsstaats."

Das Urteil betont zwar sehr stark den durch Art. 9 Abs. 3 GG den Koalitionen um der Funktionsfähigkeit des Tarifvertragswesens und des freiheitlich-demokratischen Rechtsstaats willen gegenüber der Staatsgewalt eingeräumten Freiheitsbereich, läßt aber gleichzeitig auch wieder erkennen, daß dieser durch die staatlichen Gesetze begrenzt ist, über deren Reichweite es allerdings nichts näheres aussagt.

Das jüngste hierher gehörende Urteil vom 21. 2. 1975[133] begnügt sich schließlich im wesentlichen damit, auf die frühere Judikatur zu verweisen. Es heißt dort nur noch, Art. 9 Abs. 3 GG garantiere „nur einen Kernbereich koalitionsmäßiger Betätigung", räume den geschützten Personen und Vereinigungen aber „nicht mit Verfassungsrang einen inhaltlich unbegrenzten und gesetzlich unbegrenzbaren Handlungsspielraum ein". Zur Beurteilung des konkreten Falls bezieht es sich wiederum auf die historische Entwicklung, ferner auf das geltende Recht, und erwägt schließlich, ob die Fähigkeit des Arbeitgebers, einen effektiven Arbeitskampf zu führen, durch das angegriffene Urteil des Bundesarbeitsgerichts in Frage gestellt wird.

## 6. Ergebnisse

Das Gesamtbild, welches sich aus den zitierten sieben Entscheidungen des Bundesverfassungsgerichts ergibt, ist einigermaßen differenziert. Immerhin läßt es erkennen, *daß das Gericht die Aussperrung in ihrer gegenwärtigen, von der herrschenden Lehre und vom Bundesarbeitsgericht ausgeformten Gestalt nicht ohne weiteres für verfassungsfest erklären würde.* Dem steht seine mehrfach betonte Ansicht entgegen, das Grundgesetz garantiere nicht einzelne geschichtliche Erscheinungsformen des Koalitionswesens, sondern stehe dem historischen Wandel und der sozialen Neuordnung durch den Gesetzgeber prinzipiell offen gegenüber und erlaube diesem namentlich, das Recht veränderten Umständen anzupassen. Ob durch einen solchen Gesetzesvorbehalt in der Sicht des Bundesverfassungsgerichts auch ein gänzliches Aussperrungsverbot gedeckt wäre, ist schwerer zu beurteilen. Dagegen spricht, daß die Aussperrung nicht nur die wirksamste, sondern vor allem auch die typische Waffe der Arbeitgeber im Arbeitskampf darstellt, die als solche nach herkömmlicher Betrachtungsweise das notwendige und charakteristische Pendant zum Streik der Arbeitnehmer bildet. Unter

---
[133] DB 1975, S. 792 f.

## III. Die Koalitionsfreiheit und ihre Schranken in der Literatur

diesem Gesichtspunkt wäre es nicht abwegig zu argumentieren, sie gehöre zu dem Kernbereich des Tarifvertrags- und Arbeitskampfsystems, den das Bundesverfassungsgericht gegen jeden Eingriff von seiten des Gesetzgebers völlig abschirmt. Selbst wenn man aber dagegen einwendet, das Gericht verstehe die Kernbereichsgarantie nicht institutionell, bezogen auf konkrete Rechtsinstitute, sondern funktional, und die Schlüssigkeit des Arguments mit dieser Begründung bestreitet, *wird man doch für wahrscheinlich halten müssen, daß das Gericht die Aussperrung in einer besonderen Nähe zum Kernbereich der Koalitionsautonomie ansiedeln und daher die Voraussetzungen für ein gesetzliches Verbot besonders hochschrauben würde.*

Ein weiterer Punkt kommt hinzu: Bei aller Bereitschaft, der Dispositionsbefugnis des Gesetzgebers keine unnötigen Knüppel in den Weg zu legen, betont das Bundesverfassungsgericht doch die grundrechtlich geschützte Autonomie der Sozialpartner, im Fall der Aussperrung also der Arbeitgeber und ihrer Koalitionen, sehr stark. Auch die Aussperrung als ein frei gewähltes Mittel koalitionsgemäßer Betätigung im Arbeitskampf fällt grundsätzlich unter den geschützten Freiheitsbereich. Eingriffe des Gesetzgebers in die Koalitionsautonomie bedürfen einer Rechtfertigung, sie sind nur aus besonderen, „sachlichen" Gründen möglich, wenn es „im allgemeinen Interesse an der Ordnung und Befriedung des Arbeitslebens" liegt oder „zum Schutz anderer Rechtsgüter" erforderlich ist[134]. Der Gesetzgeber ist mit anderen Worten nicht frei, das Tarifvertrags- und Arbeitskampfsystem nach Belieben zu verändern, sondern hat, wenn keine besonderen Gründe vorliegen, die Entwicklung den Koalitionen selbst in ihrem antagonistischen Zusammenwirken zu überlassen. Die auf der Basis der Koalitionsautonomie historisch gewachsene und sich im wesentlichen ohne Zutun des Gesetzgebers weiter entwickelnde Ordnung erweist sich als der Normalfall, die Veränderung dieser Ordnung durch den Gesetzgeber als die Ausnahme, die nur unter besonderen Voraussetzungen eintreten kann. Angesichts dieser Betrachtungsweise und der Nähe der Aussperrung zum Kernbereich der Tarifautonomie wird man daher der Judikatur des Bundesverfassungsgerichts nur dann gerecht werden können, wenn man die Anforderungen an die Gründe, welche den Gesetzgeber zum Eingriff befugen, hoch ansetzt. Ein Aussperrungsverbot oder eine gesetzliche Beschränkung der Aussperrung erscheinen demnach *nur dann als mit Art. 9 Abs. 3 GG vereinbar, wenn im Vergleich zum hohen Wert der Koalitionsautonomie besonders gravierende allgemeine Interessen an der Ordnung und Befriedung des Arbeitslebens oder der Schutz besonders wichtiger anderer Rechtsgüter dies fordern.*

---

[134] Siehe oben S. 55, 56.

## IV. Aussperrung und Paritätsprinzip

### 1. Das Problem der Parität im Tarifvertrags- und Arbeitskampfrecht

Bisher ist der Gesichtspunkt für die Beurteilung eines Aussperrungsverbots erst andeutungsweise zur Sprache gekommen, der in der verfassungs- und arbeitsrechtlichen Literatur wie auch in der Judikatur des Bundesarbeitsgerichts die Hauptrolle spielt und auch von der Mehrzahl der im vorangehenden Abschnitt referierten Autoren maßgeblich herangezogen wird: der Gedanke der Parität der Sozialpartner. Ihm haben wir uns im folgenden zuzuwenden und zu fragen, welche Rolle er in der soeben entwickelten Konzeption der Koalitionsautonomie spielt. Nach dem Grundsatzbeschluß des Bundesarbeitsgerichts vom 28. Januar 1955[1] gilt im Arbeitskampf der Grundsatz der Kampfparität, den das Gericht vor allem als eine Garantie der Waffengleichheit zwischen den Sozialpartnern versteht. Er fließt, wie das Gericht ausführt, aus der Anerkennung des Arbeitskampfes, dem Prinzip der Neutralität und dem Gleichheitsgrundsatz des Art. 3 GG, besitzt demnach einen, wenngleich nicht in Art. 9 GG verankerten, Verfassungsrang. Das Paritätsprinzip verbietet dem Staat, die Kampfmittel der Parteien, namentlich Streik und Aussperrung, ungleichmäßig zu behandeln. Dabei versteht das Gericht die *Waffengleichheit in einem formalen Sinn* und verlangt daher, daß Streik und Aussperrung im wesentlichen nach denselben rechtlichen Regeln behandelt werden. Ein Verbot der Aussperrung oder eine gesetzliche Beschränkung ihrer Zulässigkeit, ohne daß gleichzeitig auch der Streik untersagt oder beschränkt wird, würde einseitig die Waffen der Arbeitgeber beschneiden und wäre daher in dieser Konzeption als Verstoß gegen das Paritätsprinzip verfassungswidrig und unzulässig.

Im Unterschied zu der schematischen Betrachtungsweise des Bundesarbeitsgerichts wird das Paritätsprinzip in der Literatur, namentlich der jüngsten Zeit, überwiegend *inhaltlich-materiell* verstanden[2]. Kampfparität erfordert dann nicht die formalrechtliche Waffengleichheit der Sozialpartner, sondern ein Gleichgewicht ihrer Kampfstärke im Ganzen derart, daß sie eine vergleichbare Chance besitzen, im Ar-

---
[1] BAGE 1, 291 (308).
[2] Auch das Bundesarbeitsgericht hat sich dem in BAGE 23, 292 (308) angenähert.

beitskampf zu obsiegen und ihre Interessen gegenüber der anderen Seite durchzusetzen. Sie ist gestört, wenn eine Seite in der Lage ist, kraft ihrer überlegenen Stärke oder ihrer taktischen Vorteile der anderen ihren Willen aufzunötigen. So gesehen bedeutet Kampfparität demnach nicht Waffengleichheit, sondern Chancengleichheit und Gleichgewicht der Sozialpartner im Arbeitskampf. Macht man sich diese Definition zu eigen, so müßte ein gesetzliches Aussperrungsverbot als unzulässig betrachtet werden, wenn es die Chancengleichheit zwischen den Sozialpartnern stören würde. Umgekehrt wäre es unbedenklich, soweit es das Gleichgewicht zwischen ihnen nicht ernstlich berührt oder ein aus anderen Ursachen bereits eingetretenes Ungleichgewicht wieder beseitigt. Im Sinne der Judikatur des *Bundesverfassungsgerichts*[3] würde in diesem Fall das besonders gravierende allgemeine Interesse an der Ordnung und Befriedung des Arbeitslebens, welches den Eingriff des Gesetzgebers in die Arbeitskampffreiheit rechtfertigt, in der Absicht zu suchen sein, die Chancengleichheit aufrecht zu erhalten oder wieder herzustellen.

### 2. Lerches Ablehnung des Paritätsprinzips

Angesichts solcher Definitions- und Meinungsunterschiede läßt sich die Relevanz des Paritätsprinzips für die Frage, ob der Gesetzgeber verfassungsrechtlich gehindert ist, die Aussperrung zu verbieten, anhand des bloßen Begriffs und eines Hinweises auf die herrschende Lehre noch nicht klären. Sie setzt vielmehr eine Verständigung über seinen genauen Sinn und über seine Verankerung im Grundgesetz voraus.

Während auch die Autoren, welche Art. 9 Abs. 3 GG grundsätzlich als ein einseitig wirkendes Schutzgesetz zugunsten der Arbeitnehmer betrachten und daher ein Aussperrungsverbot als zulässig ansehen, überraschenderweise regelmäßig wenigstens subsidiär auf das Paritätsgebot zurückgreifen[4], hat als einziger *Lerche*[5] den Verfassungsrang des Paritätsprinzips überhaupt bestritten. Indem Art. 9 Abs. 3 GG nur eine „unfertig verfaßte" Arbeitsordnung geschaffen und die „wesentlichen Substanzen einer sachlichen Gestaltung einer Arbeitsverfassung in die

---

[3] Siehe oben Abschn. III 6.
[4] Vgl. *Hoffmann*, Der Grundsatz der Parität, S. 47 ff.; *Kittner*, Parität im Arbeitskampf?, S. 91 ff.; *Däubler*, Die unverhältnismäßige Aussperrung, JuS 1972, S. 642 (644); auch *Evers*, S. 29 ff., führt hilfsweise das Paritätsprinzip als Beurteilungsgrundlage ein, nachdem er zunächst ausgeführt hat, Art. 9 Abs. 3 GG stehe einem Aussperrungsverbot schon deshalb nicht entgegen, weil er staatliche Eingriffe in das Grundrecht in einem Ausmaß zulasse, welches auch das Aussperrungsverbot decke.
[5] Verfassungsrechtliche Zentralfragen des Arbeitskampfs, S. 62 ff.

Hand des Normgebers unterhalb des Grundgesetzes" gelegt hat, ist nach Lerche auch das Paritätsgebot dem Gesetzgeber überantwortet[6]. Der Gesetzgeber genießt daher auch im Spezialbereich grundsätzlicher Organisation des Arbeitskampfrechts eine „begrenzte Freiheit zur Ungleichbehandlung"[7]. Es liegt in seiner Hand, „auch gewisse Verschiedenheiten der Grundausstattung der Arbeitgeber- gegenüber der Arbeitnehmerseite zu statuieren"[8]. Diese Freiheit darf nicht „rückwärtshin dadurch zunichte gemacht werden, daß ein angebliches Paritätsgebot dem Grundgesetz irgendwoher eingeflößt" wird[9]. Die Grenze der dem Gesetzgeber eingeräumten Freiheit bildet nach Lerche lediglich das aus Art. 3 Abs. 1 GG fließende allgemeine Willkürverbot, das mit Kampfparität und Waffengleichheit jedoch nichts zu tun hat und ein gesetzliches Aussperrungsverbot nicht hindert[10].

*Lerches* Argumentation kann nicht überzeugen. Zwar sieht er richtig, daß Art. 9 Abs. 3 GG die ganze Materie nur fragmentarisch regelt und deshalb dem Gesetzgeber zur Ergänzung überantwortet. Auch das Paritätsprinzip ist in Art. 9 Abs. 3 GG nicht ausdrücklich normiert. Immerhin muß an dieser Stelle daran erinnert werden, daß das Grundrecht nach seinem Wortlaut für jedermann und alle Berufe gilt und daß, wie bereits dargelegt[11], in dieser Ausdrucksweise ein Indiz dafür zu sehen ist, daß es alle Koalitionen, speziell aber Gewerkschaften und Arbeitgeberverbände gleich behandeln wollte. Es kann dem Gesetzgeber wie dem Verfassungsinterpreten nicht erlaubt sein, sich darüber einfach hinwegzusetzen. Lerches Argumentation bleibt zudem oberflächlich und positivistisch. Indem er sich damit begnügt, die Unvollständigkeit des Art. 9 Abs. 3 GG zu konstatieren und daraus die Regelungsbefugnis des Gesetzgebers abzuleiten, sieht er sich der Aufgabe enthoben, den Sinn des Paritätsprinzips und seine Verankerung in der Verfassung überhaupt zu prüfen. Auf diese Weise verkürzt er aber die Problematik um ihre maßgebliche Dimension und kann daher auch nicht bis zu ihren Hintergründen vorstoßen. Schließlich bedarf seine Meinung hier schon deshalb einer kritischen Revision, weil er staatliche Eingriffe in die Koalitionsfreiheit wesentlich großzügiger zuläßt als das Bundesverfassungsgericht, an dessen Judikatur sich die vorliegenden Untersuchungen orientieren.

---

[6] S. 63 f.
[7] S. 67.
[8] S. 66.
[9] S. 66.
[10] S. 65, 73 ff. Auch bei *Lerche* finden sich immerhin einige Hilfserwägungen für den Fall, daß das Prinzip der Kampfparität dennoch gelten sollte. Vgl. S. 70 ff.
[11] Abschn. II 3.

## 3. Der Gleichheitssatz (Art. 3 Abs. 1 GG) und das Neutralitätsprinzip als verfassungsrechtliche Wurzeln des Paritätsprinzips

Das *Bundesarbeitsgericht*[12] und mit ihm ein Teil der *Literatur*[13] stützen das Paritätsprinzip verfassungsrechtlich u. a. auf den *allgemeinen Gleichheitssatz* des Art. 3 Abs. 1 GG. Dagegen spricht aber, daß nach neuerer und auch hier vertretener Ansicht nicht der Gleichheitssatz, sondern Art. 9 Abs. 3 GG sedes materiae ist[14]. Selbst wenn Art. 3 Abs. 1 GG aber maßgeblich wäre, könnte er auf den Fall kaum angewandt werden. Die Vorschrift verbietet nach herrschender Lehre, gleiche oder im wesentlichen gleiche Tatbestände ungleich zu behandeln. Sie kann daher einem einseitigen Verbot der Aussperrung nur entgegenstehen, wenn Streik und Aussperrung als Kampfmittel der Sozialpartner hinsichtlich ihrer maßgeblichen Eigenschaften gleich sind. Das läßt sich insofern behaupten, als sie beide durch wirtschaftlichen und sozialen Druck den Gegner zum Abschluß eines Tarifvertrags und zu Zugeständnissen bei den Vertragsbedingungen bewegen sollen. Auch ihre unmittelbaren rechtlichen Folgen stimmen überein, denn als kollektive Kampfmittel haben sie die Unterbrechung einer Vielzahl von einzelnen Arbeitsverhältnissen zur Folge[15].

Gleichwohl unterscheiden sich Streik und Aussperrung in wesentlichen Punkten. Als Kampfmittel der einander gegenüberstehenden Parteien werden sie aus unterschiedlichen Positionen heraus benutzt und stehen im Dienst entgegengesetzter Ziele. Darüber hinaus erfahren sie ihren sozialen Sinn erst im Zusammenhang mit den Chancen und Risiken der Sozialpartner im Arbeitskampf. Diese sind unvergleichbar. Für die Arbeitnehmer steht im Arbeitskampf der Verlust oder doch die Verminderung ihrer zum Lebensunterhalt laufend benötigten Einkünfte auf dem Spiel, die ihren sozialen Status berühren können. Für den Arbeitgeber geht es dagegen in der Regel nicht um sein privates Einkommen und die Höhe seines Lebensstandards, sondern um die Sicherung der finanziellen Grundlagen des Unternehmens. Eine Anwendung des Gleichheitsgebots auf zwei so ungleiche Gegner und ihre

---

[12] BAGE 1, 291 (308).

[13] Vgl. statt aller *Hueck / Nipperdey*, Arbeitsrecht, Bd. 2, 6. Aufl., § 47 B III 6 b; *Brox / Rüthers*, Arbeitskampfrecht, 1945, S. 45; *Boetticher*, Besprechung von: Lerche, Verfassungsrechtliche Zentralfragen des Arbeitskampfes, RdA 1969, S. 367, 369.

[14] Vgl. oben Abschn. II 1.

[15] Auf die Differenzierung zwischen suspendierender und lösender Wirkung kommt es an dieser Stelle nicht an, da die lösende Aussperrung nach dem Grundsatzurteil des Bundesarbeitsgerichts Bd. 23, S. 292, nur noch ausnahmsweise in Betracht kommt und es für die verfassungsrechtliche Betrachtung denkbar erscheint, daß die lösende Aussperrung zur Disposition des einfachen Gesetzgebers gestellt wird. Vgl. dazu unten Abschn. VI 3.

## 3. Der Gleichheitssatz und das Neutralitätsprinzip

Kampfmittel läßt sich auf Art. 3 Abs. 1 GG nicht mit hinreichender Sicherheit stützen. Daher fällt der allgemeine Gleichheitsgrundsatz als verfassungsrechtliche Quelle des Paritätsprinzips im Tarifvertrags- und Arbeitskampfrecht aus[16].

Läßt sich die Unzulässigkeit eines Aussperrungsverbots nicht schon aus dem allgemeinen Gleichheitssatz ableiten, so fragt sich weiter, ob der vom Bundesarbeitsgericht fernerhin herangezogene Gedanke der *Neutralität des Staats* zuverlässige Maßstäbe für die Beurteilung des Problems birgt[17].

Der Begriff der Neutralität ist im Zusammenhang mit der Koalitionsfreiheit zweideutig. Er kann zum einen lediglich die Kehrseite der Tarifautonomie meinen, d. h. die Verpflichtung des Staats, sich eigener gesetzlicher Regelungen zu enthalten, soweit die Tarifautonomie reicht. In diesem Verständnis führt er zurück auf die im dritten Abschnitt erörterten Schwierigkeiten, Koalitionsfreiheit und sozialstaatliche Verantwortung des Gesetzgebers für das gemeine Wohl gegeneinander abzugrenzen. Den Ausführungen dort ist nichts mehr hinzuzufügen. Im Anschluß an die Judikatur des *Bundesverfassungsgerichts* kann der

---

[16] Zum Ganzen vgl. *Lerche*, S. 64 ff.; *Evers*, S. 53 ff.; *van Gelder*, Die Wirkung rechtmäßiger Arbeitskampfmaßnahmen, AuR 1969, S. 207 ff.; *Rüthers*, Kampfparität im Arbeitskampfrecht, Juristische Analysen 1970, S. 85 ff. (97 ff.); *Scholz*, Koalitionsfreiheit als Verfassungsproblem, S. 263; *Richardi*, Die Stellung des Arbeitskampfes in der gesamtwirtschaftlichen Rechtsordnung, RdA 1966, S. 241 ff.; *Zöllner*, Aussperrung und arbeitskampfrechtliche Parität, S. 28 f.; *Kaiser*, Die Parität der Sozialpartner, 1973, S. 13; *M. Wolf*, Tarifautonomie, Kampfparität und gerechte Tarifgestaltung, ZfA 1971, 151 ff.; *Lerche*, S. 73 ff. prüft die Anwendung des Art. 3 Abs. 1 GG auch noch unter dem Gesichtspunkt des allgemeinen Willkürverbots. Er legt dar, daß eine differenzierte Behandlung von Streik und Aussperrung von seiten des Gesetzgebers nicht willkürlich wäre. Im Hinblick auf das Aussperrungsverbot der Hessischen Verfassung liege eine beabsichtigte Diskriminierung der Arbeitgeberseite schon deshalb nicht vor, weil der Gesetzgeber plausible Gründe für die von ihm gewählte Regelung angeben könne, z. B. die Absicht, die Arbeitnehmer im Sinne des Sozialstaatsprinzips besonders zu schützen. Auch objektiv sei kein Fall von Willkür gegeben, weil das Verbot der Aussperrung unter Berücksichtigung aller Wertungsgesichtspunkte nicht schlechthin zu unerträglichen Ergebnissen führen würde. Dem ist zuzustimmen. Etwas anderes ist es, wenn *Rüthers*, S. 97 f., meint, Art. 3 GG komme immerhin als im Rahmen des Art. 9 Abs. 3 GG zu berücksichtigender fernwirkender und ergänzender Wertmaßstab in Betracht, denn dies besagt gerade, daß der Gleichheitssatz erst wirksam wird, wenn aus Art. 9 Abs. 3 GG weitere substantielle Gesichtspunkte für die Beurteilung der Frage gewonnen sind. Siehe ferner *Musa*, Zur Rechtfertigung der Aussperrung, RdA 1971, S. 346 ff.

[17] Zum Neutralitätsprinzip und seiner Bedeutung für das Arbeitskampfrecht vgl. namentlich *Lerche*, S. 62 ff.; *Evers*, S. 53 ff.; *Rüthers*, Streik und Verfassung, S. 59, 69 ff.; *ders.*, Kampfparität im Arbeitskampfrecht, S. 101 f.; *Scholz*, S. 353; *Schlaich*, Neutralität als verfassungsrechtliches Prinzip, 1972, S. 12, 116 ff., 229; *Tennstedt*, Die Neutralität des Staates im Arbeitskampf, AuR 1973, S. 168 ff.; *Hoffmann*, S. 79 ff.

Gesetzgeber das Tarifvertragswesen einschränkend regeln und die Aussperrung sogar untersagen, sofern besonders gravierende allgemeine Interessen an der Ordnung und Befriedung des Arbeitslebens oder der Schutz besonders wichtiger anderer Rechtsgüter dies fordern[18].

In ihrem zweiten Verständnis verpflichtet Neutralität den Gesetzgeber, keine der beiden Parteien zu bevorzugen oder zu benachteiligen, wenn er in die Koalitionsautonomie regelnd eingreift. So gesehen besagt der Begriff nichts anderes als der Begriff der Parität, sondern formuliert das Paritätsprinzip nur anders, von der Seite des Staats her gesehen. Er kann das Paritätsprinzip daher schon aus Gründen der Logik nicht rechtfertigen[19], sondern erfährt seinerseits seine Rechtfertigung aus der Parität der Tarifpartner[20]. Diese selbst bedarf einer anderen verfassungsrechtlichen Verankerung.

### 4. Parität der Sozialpartner als funktionsnotwendiger Bestandteil der Koalitionsautonomie

In der neueren Literatur wird demgegenüber immer häufiger argumentiert, die Geltung des Paritätsprinzips als eines unverzichtbaren Bestandteils der grundgesetzlichen Koalitionsgarantie folge aus dem Sinn und der Funktionsfähigkeit des Tarifvertragswesens selbst im Rahmen der verfassungsmäßigen Ordnung[21]. Man erinnert daran, daß das Tarifvertragswesen historisch ein Produkt des liberalen Staats sei,

---

[18] Siehe oben S. 58.
[19] *Rüthers*, JurA 1970, S. 102.
[20] Mit Recht schreibt *Rüthers*, ebd., S. 102, Kampfparität sei die Voraussetzung, nicht aber die Folge staatlicher Neutralität im Tarifvertragswesen.
[21] Vgl. *Evers*, S. 31; *Rüthers*, JurA 1970, S. 102 ff.; *Scholz*, S. 262, 353; *Säcker*, Grundprobleme der kollektiven Koalitionsfreiheit, S. 20 ff., 81 ff.; *Zöllner*, Paritätische Mitbestimmung und Art. 9 Abs. 3 GG, ZfA 1970, S. 97, 149 ff.; ders., Aussperrung und arbeitskampfrechtliche Parität, S. 24 ff., 33 ff.; *Kaiser*, Die Parität der Sozialpartner, S. 44 ff.; *Buchner*, Möglichkeiten und Grenzen betriebsnaher Tarifpolitik, DB 1970, S. 2074, 2077; *Löwisch*, Die Ausrichtung der tariflichen Lohnfestsetzung am gesamtwirtschaftlichen Gleichgewicht, RdA 1969, S. 129 (131 ff.); *Mayer-Maly*, Zum Verständnis der Kampfparität, RdA 1968, S. 432, 433; *Richardi*, Die Stellung des Arbeitskampfes in der gesamtwirtschaftlichen Rechtsordnung, RdA 1966, S. 241 ff., 247 ff.; *Däubler*, Die unverhältnismäßige Aussperrung — BAG (GS) AP, Art. 9 GG Arbeitskampf Nr. 43, JuS 1972, S. 642, 644; *Benda*, Industrielle Herrschaft und sozialer Staat, 1966, S. 232; *Werner Weber*, Die Sozialpartner in der Verfassungsordnung, in: Göttinger Festschrift für das Landesgericht Celle, 1961, S. 239 ff.; *Konrad Hesse*, Grundzüge des Verfassungsrechts, 6. Aufl. 1973, S. 167; *Maunz / Dürig / Herzog*, Grundgesetz, Art. 9, Anm. 111 ff. Das Bundesverfassungsgericht läßt im Beschluß vom 19. 2. 1975 ausdrücklich offen, ob Art. 9 Abs. 3 GG eine Kampfmittelparität garantiert, argumentiert (für alle Fälle) aber auch zur Sache, eine „beachtliche Minderung der Parität der Kampfmittel" sei im konkreten Fall nicht festzustellen.

## 4. Parität als notwendiger Bestandteil der Koalitionsautonomie 65

zu dessen wichtigsten Kennzeichen die Garantie der Vertragsfreiheit gehöre. Da beim Arbeitsvertrag die individuelle Vertragsfreiheit sich wegen des typischen Machtgefälles zwischen Arbeitgebern und Arbeitnehmern als ungeeignetes Mittel herausgestellt habe, den berechtigten Interessen aller Beteiligten gleichmäßig gerecht zu werden, sei an dessen Stelle die kollektive Vertragsfreiheit getreten, welche den Arbeitnehmern in ihrer Gesamtheit bessere Chancen gewähre, sich durchzusetzen. Der Hinweis auf die geschichtliche Herkunft verdeutlicht nach dieser Lehre aber auch den Sinn der Koalitionsautonomie im Zusammenhang des Grundgesetzes: Ihr Kernstück ist das den Koalitionen zugestandene Recht, die Arbeits- und Wirtschaftsbedingungen ohne Mitwirkung des Staats durch privatrechtliche Verträge festzulegen. Sie ist mit anderen Worten ein Sonderfall der in Art. 2 Abs. 1 GG enthaltenen Vertragsfreiheit, der wegen seiner Eigenart und seiner außerordentlichen sozialen Bedeutung im Grundgesetz gesondert geregelt ist und einen infolge des Fehlens eines Gesetzesvorbehalts verstärkten Verfassungsschutz genießt.

Auch der Arbeitskampf rückt von hier aus in ein neues Licht: Streik und Aussperrung werden historisch und systematisch in einen engen Sinnzusammenhang mit dem Tarifvertragswesen gestellt, und zwar mit der Begründung, sie seien darauf gerichtet, den Kampfgegner durch wirtschaftlichen und sozialen Druck zum Abschluß von Tarifverträgen zu veranlassen. In der Bezogenheit von Tarifvertrag und Arbeitskampf aufeinander breche sich gleichfalls die liberale Vertragsauffassung Bahn, wonach eine ausgewogene und in diesem Sinn gerechte Ordnung der Arbeitsbedingungen eben dadurch zustandekomme, daß die Koalitionen in einem zeitlich in zwei Phasen gegliederten Ablauf zunächst bei den Verhandlungen ihre strategischen Mittel bis hin zum Arbeitskampf gegeneinander ausreizen, um sich dann schließlich auf eine Regelung zu einigen, die das wechselseitige Kräfteverhältnis widerspiegelt. Ein solches System könne nur befriedigend funktionieren, wenn jeder Partner stark genug sei, seine Interessen gegenüber dem anderen hinreichend zur Geltung zu bringen, setze also stillschweigend ein gewisses Gleichgewicht der Kräfte und Chancen zwischen den Beteiligten voraus. Wo ein solches Gleichgewicht dagegen nicht gewährleistet sei, ermögliche es dem stärkeren Teil, seine Interessen auf Kosten des anderen einseitig durchzusetzen, führe im Extremfall zu dessen Unterdrückung und verfehle jedenfalls das Ziel, die Rechtsbeziehungen zwischen den Partnern ausgewogen zu ordnen und zu befrieden. Auch beim Aushandeln der Löhne und Arbeitsbedingungen hänge ein angemessenes Ergebnis davon ab, daß keine Seite die Übermacht besitze und daher die Vertragsbedingungen zu ihren Gunsten manipulieren könne.

5 Raiser

## IV. Aussperrung und Paritätsprinzip

Die für das Gutachtenthema entscheidende Frage lautet, ob sich eine solche Lehre als Bestandteil der verfassungsrechtlichen Garantie des Koalitions- und Tarifvertragswesens ausmachen läßt, denn das Urteil über ein gesetzliches Aussperrungsverbot wird offenkundig unterschiedlich lauten, je nachdem, wie man diese Frage entscheidet. Der Wortlaut des Art. 9 Abs. 3 GG gibt für ihre Beantwortung wiederum kaum etwas her. Immerhin wird auch hier, wenigstens als Indiz, zu beachten sein, daß das Grundrecht jedermann, d. h. Arbeitnehmern und Arbeitgebern gleichermaßen zusteht. Klarere Hinweise lassen sich auch aus der Entstehungsgeschichte nicht ableiten, da der Gesichtspunkt der Parität weder im Parlamentarischen Rat noch bei der Beratung der Notstandsnovelle im Bundestag angesprochen wurde[22].

Die Antwort muß daher auf grundsätzliche Überlegungen zur Struktur und Funktion des Tarifvertrags- und Arbeitskampfsystems im Rahmen der verfassungsmäßigen Ordnung gestützt werden. Die Erfahrungen mit der Vertragsfreiheit, die seit dem 19. Jahrhundert als ein Grundprinzip der liberalen Rechts- und Wirtschaftsordnung fast im gesamten Zivilrecht gilt, haben im Lauf der Zeit gelehrt, daß die Funktionsfähigkeit des Vertragssystems in der Tat vom Gleichgewicht der Vertragspartner abhängt. Besitzt die eine Partei eine Übermacht, die sie instandsetzt, der anderen ihren Willen aufzudrängen, z. B. für das von ihr angebotene Gut überhöhte Preise zu verlangen, erlangt sie ökonomisch gesehen auf Kosten der anderen Vorteile, die ihr nach dem Sinn des durch den Vertragsautomatismus bewirkten Verteilungsprozesses nicht zukommen. Gesamtwirtschaftlich ist der Vorgang unerwünscht, weil er die Funktion des Markts als Wertmesser für die Güter und als Steuerungsmechanismus des Wirtschaftsgeschehens gefährdet. Vor allem aber ist er rechtlich bedenklich, denn er höhlt die den Betroffenen von der Rechtsordnung gewährte Freiheit aus, selbst zu entscheiden, mit wem und unter welchen Bedingungen sie Verträge abschließen wollen, und macht sie letztlich illusorisch. Er muß daher auch die Bereitschaft der Betroffenen schwächen, das Prinzip der Vertragsfreiheit als Leitbild für eine gerechte Ordnung zwischen den Bürgern zu empfinden und zu verteidigen, d. h. er stellt den Gerechtigkeitsbezug des auf der Vertragsfreiheit basierenden Rechtssystems selbst in Frage.

In der *zivilrechtlichen Praxis* bricht sich die wachsende Kenntnis dieser Zusammenhänge seit einiger Zeit immer stärker Bahn. Schon seit langem hat die Judikatur Verträge unter dem Gesichtspunkt der Sittenwidrigkeit für nichtig erachtet, in denen sich ein Vertragspartner unter Mißbrauch einer Monopolstellung unangemessene Vorteile zu

---

[22] Siehe oben Abschn. II 3 und 4.

## 4. Parität als notwendiger Bestandteil der Koalitionsautonomie 67

verschaffen versuchte[23]. Zahlreiche Gesetzesvorschriften des Bürgerlichen Rechts, die dem Schutz des typischerweise schwächeren Vertragspartners dienen, wie z. B. das Abzahlungsrecht und die Kündigungsschutzbestimmungen des Mietrechts, erklären sich aus demselben Gedanken. In der Gegenwart schlägt er sich vor allem in dem großen Bemühen nieder, die Mißstände beim Gebrauch Allgemeiner Geschäftsbedingungen unter rechtliche Kontrolle zu bringen[24]. Nicht zuletzt hat der Gesetzgeber im Gesetz gegen Wettbewerbsbeschränkungen den groß angelegten Versuch unternommen, wirtschaftliche Machtpositionen einzuschränken oder doch unter Kontrolle zu bringen.

Auch die *zivilrechtliche Vertragstheorie* ist spätestens seit Beginn der 30er Jahre auf das Problem aufmerksam geworden und hat sich seitdem mit außerordentlicher und noch immer zunehmender Intensität damit beschäftigt[25]. Ihr ist namentlich die Einsicht zu verdanken, daß die Gefährdung der Vertragsfreiheit durch das Ungleichgewicht der Parteien nicht ein nur vereinzelt auftretendes und daher kasuistisch zu lösendes Phänomen darstellt, sondern ein generelles, in der Struktur des Rechtsinstituts selbst angelegtes Problem, das zu bewältigen eine prinzipielle theoretische Neubesinnung voraussetzt. Den Gang der Entwicklung und den Stand der Diskussion im Einzelnen darzustellen, ist hier nicht der Ort. Grundsätzlich herrscht heute Einigkeit darüber, daß sich die Vertragsfreiheit als Ordnungsprinzip des Zivil- und Wirtschaftsrechts nur rechtfertigen und sichern läßt, wenn das Recht gravierende Ungleichgewichte zwischen den Vertragspartnern, die sich auf

---

[23] Vgl. statt aller weiteren Nachweise *Palandt / Heinrichs*, Anm. 5 n zu § 138 BGB.

[24] Vgl. aus der rasch wachsenden Judikatur nur BGHZ 22, 90; 41, 154; 52, 64; 54, 109; 60, 244, sowie die Beratungen und Beschlüsse des 50. Dt. Juristentags 1974 zum Thema „Welche gesetzgeberischen Maßnahmen empfehlen sich zum Schutze des Endverbrauchers gegenüber Allgemeinen Geschäftsbedingungen und Formularverträgen?" mit einem Gutachten von Kötz und einem Referat von P. Ullner; ferner den vom Bundesjustizministerium vorgelegten Referentenentwurf eines Gesetzes über Allgemeine Geschäftsbedingungen, Beilage Nr. 18/74 zu Der Betrieb, Heft 39, 1974.

[25] Vgl. statt vieler *Böhm*, Wettbewerb und Monopolkampf, 1933; *Schmidt-Rimpler*, Grundfragen einer Erneuerung des Vertragsrechts, AcP 147, S. 130, 156 ff.; neuestens *ders.*, Zum Vertragsproblem, in: Funktionswandel von Privatrechtsinstitutionen, Festschrift für L. Raiser zum 70. Geburtstag, 1974, S. 3 ff.; *Bartholomeyczik*, Äquivalenzprinzip, Waffengleichheit und Gegengewichtsprinzip in der modernen Rechtsentwicklung, AcP 166, S. 30; *L. Raiser*, Vertragsfreiheit heute, JZ 1958, S. 1 (6); *ders.*, Vertragsfunktion und Vertragsfreiheit, in: Festschrift für den 100. Deutschen Juristentag, 1960, Bd. 1, S. 101 ff.; *Steindorff*, Wirtschaftsrechtliche Maßstäbe im Arbeitsrecht, RdA 1965, S. 253; *Ballerstedt*, Wirtschaftsverfassungsrecht, in: Bettermann / Nipperdey / Scheuner, Die Grundrechte, Bd. 3/1, 1958, S. 1 ff.; *Biedenkopf*, Über das Verhältnis wirtschaftlicher Macht zum Privatrecht, in: Festschrift für Franz Böhm, 1965, S. 113 ff.; *M. Wolf*, Rechtsgeschäftliche Entscheidungsfreiheit und vertraglicher Interessenausgleich, 1970, S. 101 ff.

die Ausgewogenheit der wechselseitig vereinbarten vertraglichen Leistungen auswirken können, beseitigt oder ihnen auf andere Weise entgegenwirkt[26].

In der Geschichte des *Arbeitsrechts* spielt die dem Paritätsprinzip zugrundeliegende Erfahrung, wonach das strukturelle Ungleichgewicht zwischen individuellen Arbeitgebern und Arbeitnehmern den angemessenen Ausgleich der beiderseitigen Rechte und Pflichten verhindert, eine noch hervorragendere Rolle als im allgemeinen Zivilrecht und im Wirtschaftsrecht, denn aus ihr erklärt sich nicht nur das gesamte Arbeitsschutzrecht, sondern vor allem der Übergang von der individuellen zur kollektiven Regelung der Löhne und Arbeitsbedingungen. Der maßgebende Gedanke war und ist noch heute, daß das Gleichgewicht zwischen den Vertragspartnern und daher die Angemessenheit der Vereinbarungen zwischen ihnen besser gewahrt werden, wenn sich bei den Verhandlungen nicht die Individuen, sondern die Koalitionen gegenüberstehen. Das Paritätsprinzip erscheint also in keiner geringeren Bedeutung als der eines Entstehungs- und Legitimationsgrundes für das gesamte Tarifvertrags- und Arbeitskampfrecht. Unter diesen Umständen ist es nur ein Akt der notwendigen Konsequenz, der übereinstimmenden Bewertung gleichartiger rechtlicher Sachverhalte, auch im kollektiven Arbeitsrecht an dem Paritätsprinzip festzuhalten und seine rechtsverbindliche Geltung zu behaupten. So wenig es in den individuellen Arbeitsverträgen gelang, gerechte Regelungen zu treffen, so wenig kann dies in Tarifverträgen gelingen, wenn zwischen den Sozialpartnern keine Parität herrscht. In diesem Sinn ist die Geltung des Paritätsprinzips eine unabdingbare Voraussetzung für die Funktionsfähigkeit des Tarifvertragssystems.

Aus seiner Funktion als Garant ausgewogener Rechtsbeziehungen zwischen den Sozialpartnern folgt, daß das Paritätsprinzip auch unter dem Gesichtspunkt des Verfassungsrechts als unlöslicher Bestandteil des Tarifvertrags- und Arbeitskampfsystems angesehen werden muß und als solcher unter den Schutz des Art. 9 Abs. 3 GG fällt. Es wäre widersinnig anzunehmen, der Verfassungsgeber habe ein Tarifvertragswesen garantieren wollen, in dem der Paritätsgrundsatz nicht gilt. Selbst wenn man argumentiert, er habe das Paritätsprinzip nicht in den verfassungsrechtlichen Schutz einbezogen, weil seine essentielle Bedeutung bei der Beratung des Grundgesetzes noch nicht hinreichend bekannt war, muß Art. 9 Abs. 3 GG heute im Lichte der geläuterten Erkenntnis ausgelegt werden. Nur eine solche Interpretation kann fer-

---

[26] Vgl. neben den in der vorigen Anmerkung genannten Autoren noch *Larenz* Allgemeiner Teil des Deutschen Bürgerlichen Rechts, 3. Aufl. 1975, S. 48; *Flume*, Allgemeiner Teil des Bürgerlichen Rechts, Bd. 2, 1965, S. 10.

## 4. Parität als notwendiger Bestandteil der Koalitionsautonomie

ner der Judikatur des *Bundesverfassungsgerichts*[27] genügen, welches das Ziel des Art. 9 Abs. 3 GG darin sieht, die Beziehungen zwischen den Koalitionspartnern sinnvoll zu ordnen und zu befrieden. Letztlich folgt die verfassungsrechtliche Garantie des Paritätsprinzips unmittelbar aus dem durch Art. 9 Abs. 3 GG geschützten Freiheitsrecht selbst. Denn wäre die Parität nicht gesichert, so würde die Übermacht des einen Partners diesem gestatten, dem anderen die Vertragsbedingungen zu diktieren und dessen Interessen zu unterdrücken, d. h. ihn des ihm vom Grundgesetz gewährten Rechts berauben, in Freiheit an der Gestaltung der Arbeits- und Wirtschaftsbedingungen mitzuwirken. *Eine Beseitigung der Parität durch den Gesetzgeber wäre daher als Verstoß gegen Art. 9 Abs. 3 GG verfassungswidrig*[28].

Neben die Zuordnung des Paritätsprinzips zur Freiheitsgarantie des Art. 9 Abs. 3 GG selbst tritt eine zweite, nicht minder elementare. Die kollektive Festlegung der Löhne und Arbeitsbedingungen hat angesichts der Vielzahl der von ihr betroffenen Menschen eine eminente gesamtgesellschaftliche und daher politische Bedeutung. Sie ist eine öffentliche Angelegenheit, deren Regelung im Sinne des modernen, vom Sozialstaatsprinzip geprägten Staatsverständnisses leicht zu einer Aufgabe der Staatsgewalt werden könnte, wäre sie ihr nicht durch Art. 9 Abs. 3 GG entzogen. Indem das Grundgesetz, wie schon die Weimarer Verfassung, diesen Bereich den Koalitionen zur privatautonomen Regelung überläßt, anerkennt es zugleich ihre Existenz und öffentliche Tätigkeit als großer, mitgliedsreicher Verbände, welche eine starke, auch der Staatsgewalt selbst gegenüber wirksame soziale Macht auf sich vereinigen. Angesichts einer solchen Situation kann es — in den Worten des Bundesverfassungsgerichts[29] — dem Gesetzgeber nicht gleichgültig sein, zu wessen Gunsten er sich durch die Verleihung der Tariffähigkeit seines Normsetzungsrechts begibt. Im Gegenteil gebietet der vom Grundgesetz gewollte demokratische Staatsaufbau dem Gesetzgeber, dafür Sorge zu tragen, daß die Verbände nicht neben die demokratisch legitimierten Staatsorgane treten und politische Macht ausüben können, welche die innere Souveränität des Staates in Frage stellt[30].

---

[27] Siehe oben Abschn. III 5.
[28] Im Ergebnis ebenso BAGE 23, 292 (308); *Rüthers*, Kampfparität im Arbeitskampfrecht, S. 106 ff.; *Säcker*, Grundprobleme der kollektiven Koalitionsfreiheit, S. 20; *Zöllner*, Aussperrung und arbeitskampfrechtliche Parität, S. 30 ff.; *Kaiser*, Die Parität der Sozialpartner, S. 38 ff.; *Gamillscheg*, Arbeitsrecht, S. 269; *Scholz*, Paritätische Mitbestimmung und Grundgesetz, 1974, S. 102 ff.; ferner die S. 64 Anm. 21 Genannten. Man könnte argumentieren, es handele sich um eine gegen das Grundrecht gerichtete Maßnahme, die unter Art. 9 Abs. 3 Satz 2 GG fällt und daher schon nach dem Wortlaut des Grundgesetzes verfassungswidrig wäre.
[29] BVerfGE 4, 96 (108).

Im Koalitionswesen ist das Gleichgewichtsprinzip das wichtigste Mittel, diesem Gebot Rechnung zu tragen, denn in dem Maße, in dem sich die Koalitionen gegenseitig in Schach halten, wird ihre soziale Macht gebunden und neutralisiert. Auch aus dieser Sicht erweist sich demnach das Paritätsprinzip als eine immanente Begrenzung der Koalitionsfreiheit, welche vom Sinngehalt des Art. 9 Abs. 3 GG, gesehen im systematischen Zusammenhang des gesamten rechtlich geordneten Staatsgefüges, namentlich des Demokratiegebots, mit umfaßt wird.

### 5. Folgerungen

Wenn es verfassungsrechtlich darauf ankommt, das Gleichgewicht im Sinne einer gegenseitigen Balance der Koalitionen bei Tarifverhandlungen und im Arbeitskampf aufrechtzuerhalten bzw. herzustellen, so kann unter Parität nicht die Identität oder schematische Parallelität einzelner strategischer Positionen gemeint sein. Auf eine Waffengleichheit, verstanden als rechtlich symmetrische Regelung von Streik und Aussperrung kommt es daher nicht an. Das Paritätsverständnis des Bundesarbeitsgerichts erweist sich als zu eng, soweit es die Parität im Sinn einer derartigen Symmetrie versteht[31]. *Parität kann vielmehr nur eine materielle Chancengleichheit der Tarifpartner bedeuten, die ihnen gestattet, ihre eigenen Interessen in Tarifverhandlungen und Arbeitskämpfen in der Konfrontation mit den Interessen des Gegners angemessen zur Geltung zu bringen.* Dem trägt allein die neuere materielle Theorie der Kampfparität Rechnung[32].

Mit der abstrakten Definition und der Verankerung des Paritätsprinzips in Art. 9 Abs. 3 GG sind nun allerdings die Schwierigkeiten noch nicht behoben, die sich seiner Anwendung auf das Tarifvertrags- und Arbeitskampfrecht entgegenstellen. Gleichgewicht und Chancen-

---

[30] Vgl. dazu z. B. *Breitling,* Die Verbände in der Bundesrepublik Deutschland, 1955, S. 93 ff., 138; *Herbert Krüger,* Die Stellung der Interessenverbände in der Verfassungswirklichkeit, NJW 1956, S. 1217 ff., 1219, 1220, sowie in etwa *Bernholz,* Einige Bemerkungen zur Theorie des Einflusses der Verbände auf die politische Willensbildung in der Demokratie, in: Interessenverbände in Deutschland, hrsgg. von H. J. Varain, 1973, S. 339 ff., 346; im übrigen *Zöllner,* Aussperrung und arbeitskampfrechtliche Parität, S. 30, und die oben S. 36 genannten Autoren, namentlich *W. Weber.*

[31] Wie problematisch diese Betrachtungsweise ist, zeigte sich spätestens, als im Gericht selbst zweifelhaft wurde, ob die lösende Aussperrung, der ein lösender Streik nicht gegenübersteht, zur Herstellung der Parität nötig ist oder nicht, wie in BAGE 1, 291, angenommen wurde. Mit Recht ist das BAG daher in der neuen Grundsatzentscheidung zum Arbeitskampfrecht BAGE 23, 292 (308), von der formellen Parität abgerückt, wenn es davon spricht, daß zwischen den Tarifvertragsparteien „möglichst gleiche Verhandlungschancen bestehen" müssen.

[32] Siehe die Nachweise oben S. 64.

## 5. Folgerungen

gleichheit beschreiben ein Verhältnis der Sozialpartner zueinander, das offensichtlich nicht in erster Linie durch rechtliche Maßnahmen herbeigeführt werden kann, sondern das Ergebnis einer Vielzahl von bei Tarifverhandlungen und Arbeitskämpfen ins Gewicht fallenden sozioökonomischen Faktoren darstellt, deren Zusammenspiel sich dauernd verändert. Ob Gleichgewicht herrscht, hängt zum Beispiel von der Lage auf dem Arbeitsmarkt, der konjunkturellen Situation, dem Rückhalt der Tarifpartner in der Öffentlichkeit oder bei den politischen Instanzen, dem Ausmaß der Mitbestimmungsrechte und anderen Umständen ab[33]. Ob bzw. in welchem Umfang den Parteien bestimmte Rechte im Tarifvertragswesen und im Arbeitskampf gewährt werden, ist daneben zwar nicht unerheblich, aber doch auch nicht von ausschlaggebendem Gewicht.

Die Vielzahl der Faktoren und ihre stets wechselnde Kombination verhindern es ferner, die Parität als einen über längere Frist hinweg feststehenden und unveränderlichen Zustand zu begreifen. Vielmehr ist stets mit Schwankungen zu rechnen, die den Beteiligten temporäre Vorteile gewähren, ohne daß sie bei der rechtlichen Beurteilung berücksichtigt werden könnten. Auch fehlt es bis heute an hinreichend feinen und flexiblen sozialwissenschaftlichen Meßverfahren, die es ermöglichten, den Gleichgewichtszustand exakt zu definieren und festzustellen. Statt dessen muß sich die Wissenschaft damit begnügen, mehr oder weniger überzeugend ermittelte Näherungswerte anzugeben. Besser gelingt es ihr nur, im Rückblick Störungen des Gleichgewichts aufgrund ihrer Folgen auszumachen.

Alle diese Umstände nötigen zu einer kritischen Reflexion über die Aufgabe und die Leistungsfähigkeit des Rechts bei der Herstellung der Parität. Offenkundig kann es sich nicht darum handeln, allein durch rechtliche Maßnahmen den Gleichgewichtszustand herbeizuführen oder sein Fortdauern zu gewährleisten, denn dazu ist der Raster des Rechts nicht fein und flexibel genug. Jeder Versuch dazu würde die Koalitionen unvermeidlich in ein so enges rechtliches Korsett zwängen, daß von der ihnen durch Art. 9 Abs. 3 GG zugebilligten Freiheit nicht viel übrig bliebe. Aus denselben Gründen wäre es falsch, jeden noch so

---

[33] Auf der anderen Seite ist es aber verfehlt, die gesamtwirtschaftliche und -politische Situation der Koalitionen in einem globalen Sinn in die Paritätsabwägung einzubeziehen, auch soweit sie für die Erfolgschancen bei Tarifverhandlungen keine Bedeutung erlangen. Daher muß z. B. die Beteiligung von Arbeitgeberverbänden und Gewerkschaften an der Verwaltung öffentlicher Anstalten und Körperschaften außer Betracht bleiben, ebenso auch die Repräsentation der Sozialpartner im Bundestag, in der Bundesregierung oder in den politischen Instanzen der Länder und Gemeinden. Vgl. *Kittner*, Parität im Arbeitskampf?, S. 100 ff., der eine solche globale Betrachtungsweise für notwendig hält, und kritisch dazu *Zöllner*, Aussperrung und arbeitskampfrechtliche Parität, S. 30 ff.

kleinen und temporären Vorsprung, den ein Koalitionspartner erlangt hat, sogleich beseitigen oder kompensieren zu wollen. Auch dazu eignet sich das Recht, das soziale Strukturen für längere Frist festlegt, nicht. Statt dessen hat sich der Gesetzgeber mit dem bescheideneren Ziel zu begnügen, *Störfaktoren zu beseitigen, welche die Parität der Sozialpartner strukturell und nachhaltig gefährden, soweit dies mit rechtlichen Mitteln möglich ist. Im übrigen hat er Regelungen zu schaffen, die das Gleichgewicht nicht ihrerseits stören oder beseitigen, sondern im Gegenteil fördern.* Dies sind die Anforderungen, welche das Paritätsprinzip nach Art. 9 Abs. 3 GG bei rechtlichen Eingriffen in die Tarifautonomie und Arbeitskampffreiheit stellt. Überträgt man sie auf die oben S. 58 aus der Judikatur des Bundesverfassungsgerichts abgeleiteten Formeln, so erscheint die Herstellung oder Aufrechterhaltung der Parität zwischen den Sozialpartnern mit dieser Maßgabe als ein besonders gravierendes allgemeines Interesse, das den gesetzlichen Eingriff in die Tarifautonomie und Arbeitskampffreiheit rechtfertigt. Greift der Gesetzgeber zum Schutz anderer besonders wichtiger Rechtsgüter in die Koalitionsfreiheit ein, so ist dies verfassungsrechtlich nur zulässig, sofern er die Parität der Sozialpartner dadurch nicht gefährdet.

Auf die Aussperrung angewandt, besagen diese Regeln, daß der Gesetzgeber grundsätzlich von dem Zustand auszugehen hat, der sich aufgrund der freien Entfaltung der Koalitionen im Lauf der Zeit herausgebildet hat und der dem Sinn des ihnen in Art. 9 Abs. 3 GG gewährten Freiheitsrechts am besten entspricht. An diesem Schutz nimmt auch die Aussperrung als das von den Arbeitgebern frei gewählte und für sie charakteristische Kampfmittel teil. *Das Grundgesetz gestattet aber ein Verbot oder eine gesetzliche Beschränkung der Aussperrung insoweit, als sich dies als notwendig erweist, die Parität der Sozialpartner, verstanden im Sinn eines strukturellen Gleichgewichts zwischen ihnen und einer Chancengleichheit bei Tarifverhandlungen und im Arbeitskampf, herzustellen oder aufrechtzuerhalten. Der Gesetzgeber kann die Aussperrung ferner auch dann untersagen oder einschränken, wenn dies zum Schutz anderer besonders wichtiger Rechtsgüter erforderlich ist, sofern er dadurch die Parität der Sozialpartner nicht beeinträchtigt*[34]. Unter diesen Gesichtspunkten sind die Gründe, welche zugunsten eines Aussperrungsverbots ins Feld geführt werden, im folgenden genauer zu prüfen.

---

[34] Ähnlich *Scholz*, Koalitionsfreiheit als Verfassungsprinzip, S. 352 ff.

## V. Die Parität der Sozialpartner

### 1. Die Fragestellung

Das verfassungsrechtliche Paritätsgebot, wie es im vorangehenden Abschnitt entwickelt wurde, macht die Zulässigkeit eines gesetzlichen Aussperrungsverbots in erster Linie von der Feststellung abhängig, daß zwischen den Sozialpartnern in Bezug auf das Tarifvertragswesen ein strukturelles Ungleichgewicht zugunsten der Arbeitgeberseite besteht, welches dieser erlaubt, ihre Interessen wirksamer zur Geltung zu bringen als die Arbeitnehmerseite. Läßt sich ein solches Übergewicht nachweisen, kommt es weiter darauf an, daß ein Verbot oder eine Beschneidung der Aussperrung bei unverändertem Streikrecht als ein geeignetes Mittel erscheint, das Gleichgewicht wiederherzustellen. Die Frage ist im folgenden näher zu prüfen. Ein erster, oberflächlicher Blick auf den Meinungsstand lehrt, daß sie außerordentlich unterschiedlich beantwortet wird. Während die Gewerkschaften und ihre Repräsentanten regelmäßig behaupten, gegenüber den Arbeitgebern unterlegen zu sein, und damit ihre Forderung nach einem Aussperrungsverbot begründen, wird umgekehrt von Arbeitgeberseite auf das Vordringen der Gewerkschaftsmacht hingewiesen, die inzwischen so stark angeschwollen sei, daß ihr von Arbeitgeberseite nicht mehr hinlänglich begegnet werden könne.

Auch in der wissenschaftlichen, politischen und publizistischen Literatur sind die Ansichten kontrovers, wie es bei einem derart interessengebundenen Thema kaum anders zu erwarten ist. Immerhin kann man in der letzten Zeit, verstärkt seit dem Streik der ÖTV im Frühjahr 1974, den Eindruck gewinnen, daß die Mehrzahl der Autoren die Gewerkschaften eher für zu stark als für zu schwach hält. Beweiskräftig sind solche mehr oder weniger plausibel begründeten Äußerungen aber ohnehin nicht. Da es sich um empirische Fragen handelt, die methodisch einwandfrei nur mit Hilfe ökonomischer und sozialwissenschaftlicher Analysen aller in Betracht kommenden Faktoren geklärt werden können, ist eine wissenschaftlich verbindliche Antwort erst zu erwarten, wenn einschlägige Untersuchungen in ausreichender Zahl zur Verfügung stehen. Sie fehlen bislang nahezu völlig. Noch nicht einmal die theoretischen Vorfragen nach den geeigneten Maßstäben und Meßverfahren können als geklärt gelten. Angesichts der Komplexität des Sachverhalts und der Vielzahl der zu berücksichtigenden Elemente erscheint es beim gegenwärtigen Stand der deutschen Sozialforschung daher zweifelhaft, daß aussagekräftige empirische Studien in absehbarer Zeit erwartet werden können. Wie groß die Hoffnung darauf aber auch sei, einstweilen bleibt nichts anderes übrig, als sich auf mehr oder weniger fundierte Einzelangaben und -argumente zu stützen, die nur in engen Grenzen objektivierbar und verallgemeinerungsfähig sind. Es ist also zu klären, ob sich mit Hilfe des in der Öffentlichkeit zugänglichen Materials beweisen oder doch plausibel begründen läßt, *daß die Arbeitgeberseite den Arbeitnehmern und Gewerkschaften im Arbeitskampf aus strukturellen Gründen andauernd überlegen, das Gleichgewicht zwischen den Sozialpartnern also gestört ist, und daß ein Verbot der Aussperrung das geeignete Mittel wäre, die Parität wiederherzustellen.* Wenn diese Voraussetzungen erfüllt sind, ist es verfassungsrechtlich zulässig, die Aussperrung durch Gesetz zu verbieten.

### 2. Das Arbeitskampfrisiko der einzelnen Arbeitnehmer als Argument gegen die Parität

Von seiten der Gewerkschaften wird ein Strauß von Argumenten angeboten, die ihre behauptete Schwäche im Tarifkonflikt belegen sollen. Eines der wichtigsten und am häufigsten angeführten lautet, das persönliche und finanzielle Risiko der kämpfenden Arbeitnehmer sei so hoch, daß bei ihnen die Kampfkraft schon aus diesem Grunde früher erlahmen müsse als bei den Arbeitgebern[1]. Der durch den Arbeitskampf verursachte Lohnausfall stelle „prinzipiell sofort die materielle Existenz des Arbeitnehmers in Frage", während dem Unternehmer nur eine Gewinnminderung drohe, die seine materielle Existenz überhaupt nicht berühre[2].

Wieweit die Behauptung stichhaltig ist, läßt sich nicht exakt feststellen, weil ausreichende Zahlen über die Lohneinbußen, welche die Arbeitnehmer typischerweise infolge von Arbeitskämpfen erleiden, bislang nicht vorliegen oder jedenfalls nicht öffentlich zugänglich sind. Immerhin nötigen die von Gewerkschaftsseite selbst gemachten Angaben dazu, das Bild zu korrigieren. Nach dem Geschäftsbericht der IG Metall 1968 - 1970[3] erhält ein Gewerkschaftsmitglied, wenn es satzungsgemäß Beiträge geleistet hat, eine Streikunterstützung von der Gewerkschaft, die sich auf ca. zwei Drittel seines Bruttoverdienstes

---

[1] Vgl. *Kittner*, Parität im Arbeitskampf, GMH 1973, 91 (96); *Noé*, Gebändigter Klassenkampf — Tarifautonomie in der Bundesrepublik Deutschland, 1970, S. 221 ff.; *Richard Schmid*, Aussperrung, Recht oder Unrecht?, Schriftenreihe der IG Metall Nr. 47, S. 8, 22; *Evers*, S. 52 f.; *Däubler*, Die unverhältnismäßige Aussperrung, JuS 1972, S. 646.

[2] *Hoffmann*, Der Grundsatz der Parität, S. 53 ff.

[3] Zitiert bei *Kittner*, Parität im Arbeitskampf, S. 96.

## 2. Das Arbeitskampfrisiko der einzelnen Arbeitnehmer

beläuft. Der Satz wurde nach Angaben des Arbeitgeberverbands kurz vor dem Beginn des Arbeitskampfs in der Metallindustrie des Landes Baden-Württemberg 1971 erheblich erhöht, so daß sich ein Tagesbeitrag von durchschnittlich mindestens 40 DM je Gewerkschaftsmitglied ergab[4]. Berücksichtigt man, daß auf die Streikunterstützungen weder Lohnsteuer noch Sozialversicherungsabgaben erhoben werden, die sich 1971 auf durchschnittlich 24 % des Bruttoverdienstes beliefen und 1973 26 % erreicht haben[5], so zeigt sich, daß die Bezüge eines Gewerkschaftsmitglieds im Arbeitskampf — jedenfalls bei der IG Metall — nicht erheblich unter den normalen Nettobezügen liegen können[6].

Weitere veröffentlichte Daten aus anderen Industriebereichen unterstützen dieses Urteil. So führt *Zöllner*[7] die Verhältnisse in der IG Chemie an, wo ein Arbeitnehmer bei einem Bruttoeinkommen von 1201 - 1400 DM nach dreijähriger Mitgliedschaft in der Gewerkschaft eine Unterstützung in Höhe von 1040 DM erhält (Stand von 1967). Nach *Losacker*[8] haben die streikenden Arbeitnehmer im Arbeitskampf der IG Metall in Schleswig Holstein 1956 etwa 90 % der Nettolöhne erhalten.

Die Angaben vermitteln kein auch nur annähernd vollständiges Bild. Sie lassen namentlich offen, ob nicht andere, weniger finanzkräftige Gewerkschaften erheblich geringere Streikgelder zahlen. Insofern ist es auch ausgeschlossen, hier ein endgültiges Urteil über den durchschnittlichen Einkommensverlust zu fällen, den organisierte Arbeitnehmer heute infolge von Arbeitskämpfen erleiden. Es wäre zu wünschen, daß das dazu vorliegende Material von den Gewerkschaften und Arbeitgeberverbänden besser publiziert würde. Immerhin läßt sich schwerlich bestreiten, daß die Zahlen das Argument der Gewerkschaften nicht stützen, die Kampfkraft der Arbeitnehmer im Arbeitskampf sei wegen ihres hohen Einkommensverlustes von vornherein so stark

---

[4] Angaben aus „Der Arbeitskampf '71", hrsgg. vom Verband der Metallindustrie Baden-Württemberg e. V., Stuttgart 1972, S. 41.
[5] Vgl. die Zahlenangaben in: Statistisches Bundesamt, Fachserie N, Volkswirtschaftliche Gesamtrechnungen Reihe 1, Konten und Standardtabellen 1973, Mainz 1974, S. 164, und die unbelegte höhere Angabe von *Zöllner*, Aussperrung und arbeitskampfrechtliche Parität, 1973, S. 39 Anm. 130.
[6] Vgl. auch *Löwisch*, Der Einfluß der Gewerkschaften auf Wirtschaft, Staat und Gesellschaft, RdA 1975, S. 57, der ausführt, daß der Beitragssatz bei der IG Metall seit 1963 kontinuierlich gesunken ist (1963: 1,7 %; 1969: 1,3 %; 1972: 1,2 %; ab 1975: 1 % des Bruttomonatsverdienstes), während gleichzeitig die Arbeitskampfunterstützungen in Relation zum Beitrag gestiegen sind (bei 10 DM Monatsbeitrag und 12- bis 36monatiger Beitragsleistung gab es für sechs Werktage: 1963: DM 72; 1969: DM 124,20; 1972: DM 132).
[7] Aussperrung und arbeitskampfrechtliche Parität, S. 39 Anm. 130.
[8] Waffengleichheit im Arbeitskampf, RdA 1964, S. 89.

gedämpft, daß die Chancengleichheit der Parteien darunter leide. Sie widerlegen es eher in dem Sinn, daß die hohe Streikunterstützung bei einer Vielzahl von Arbeitnehmern den Entschluß zu streiken wesentlich erleichtert[9].

Auch das Urteil anderer Kenner der Materie spricht eher gegen als für die Behauptung. So schrieb *Bertele*[10] schon 1960, das finanzielle Risiko des Arbeitskampfs liege nicht mehr bei den einzelnen Arbeitnehmern, sondern bei der zuständigen Gewerkschaft. Nicht der individuelle Arbeitnehmer überlege, ob er sich den Lohnausfall leisten könne, den ein Arbeitskampf mit sich bringt, sondern die Gewerkschaft kalkuliere Chancen und Kosten des Kampfs. Auch nach *Tomandl*[11] ist die herkömmliche Rede vom „risque humain" des Arbeitskampfs, jedenfalls was die organisierten Arbeitnehmer angeht, zum inhaltsleeren Schlagwort geworden[12].

Kritischer liegen die Dinge bei den *nichtorganisierten Arbeitnehmern*, da diese im Arbeitskampf keinen Anspruch auf Unterstützung von seiten der Gewerkschaften haben, sondern auf ihre eigenen Reserven angewiesen sind oder sich, soweit nicht andere Hilfsquellen fließen, mit den niedrigen Sätzen der Sozialhilfe begnügen müssen. In welchem Ausmaß nichtorganisierte Arbeitnehmer in den Genuß von Unterstützungsleistungen der Gewerkschaften oder anderer Hilfsmaßnahmen gelangen, läßt sich nicht feststellen. Immerhin ist damit zu rechnen, daß wenigstens ein Teil sich entschließt, unter dem Druck des Arbeitskampfs der Gewerkschaft beizutreten und in diesem Fall Streikgelder erhält. Auf's Ganze gesehen wird man jedoch nicht voraussetzen können, daß bei den gewerkschaftsfreien Arbeitnehmern das infolge eines Arbeitskampfs eintretende Einkommensdefizit in einem vergleichbaren Ausmaß kompensiert wird wie bei den organisierten, so daß sie tatsächlich empfindliche Einbußen hinnehmen müssen. Aber da diese Außenseiter bei den von der Gewerkschaft veranstalteten Abstimmungen über die Einleitung oder Fortführung des Streiks nicht mitstimmen, wirkt sich ihre Haltung auf die Kampfkraft der Gewerkschaft nur mittelbar aus. Werden sie ausgesperrt, braucht sich die Gewerkschaft bei ihren Entschlüssen nicht von ihrer wirtschaftlichen Lage beeinflussen zu lassen. Soweit sich die Gewerkschaft aber, etwa wegen des geringen Organisationsgrads in der Branche, gleichwohl gezwungen sieht, auf die Außenseiter Rücksicht zu nehmen und dadurch in ihrem

---

[9] Es kommt hinzu, daß angesichts des gewachsenen Wohlstands auch Arbeitnehmer heute regelmäßig über gewisse finanzielle Reserven verfügen.
[10] Rechtsnatur und Rechtsfolgen der Aussperrung, S. 89.
[11] Streik und Aussperrung als Mittel des Arbeitskampfs, 1965, S. 45.
[12] Vgl. ferner das Urteil von *Zöllner*, Aussperrung und arbeitskampfrechtliche Parität, S. 40 f.

Entscheidungsspielraum eingeengt wird, beruht ihre Schwäche nicht auf deren durch den Arbeitskampf verursachten Einkommensverlust, sondern auf ihrem freien Entschluß, der Gewerkschaft fernzubleiben und damit zugleich auf die Arbeitskampfunterstützungen zu verzichten. Sowohl für die organisierten wie für die nichtorganisierten Arbeitnehmer ist daher anzunehmen, daß ein angebliches wirtschaftliches Existenzrisiko, das die Kampfkraft untergräbt und die Parität zwischen den Sozialpartnern aufhebt, heute nicht mehr existiert.

In demselben Zusammenhang wird nicht selten auf das *Arbeitsplatzrisiko* der Arbeitnehmer hingewiesen[13]. Ganz offenkundig ist der Hinweis nur schlüssig, wenn er auf eine erhöhte Gefährdung der Arbeitsplätze bezogen wird, die speziell infolge des Arbeitskampfs eintritt. Die faktische Relevanz dieses Risikos ist aber gering[14]. Durch einen Streik freigewordene Arbeitsplätze in größerer Anzahl mit anderen Arbeitnehmern zu besetzen, gelingt außer in Zeiten allgemeiner Arbeitslosigkeit nur ausnahmsweise. Ebenso lassen sich Rationalisierungsmaßnahmen, die zum Wegfall von Arbeitsplätzen führen, in der kurzen Zeit eines Arbeitskampfs nur in geringem Ausmaß durchführen. Auch ist es möglich, die Fälle mit Hilfe des geltenden Rechts, namentlich des vom Bundesarbeitsgericht angewandten Verhältnismäßigkeitsprinzips, zugunsten der betroffenen Arbeitnehmer befriedigend lösen. Natürlich ändert dieser Sachverhalt nichts daran, daß sich die Streikbereitschaft der Arbeitnehmer nach dem allgemeinen Arbeitsplatzrisiko, das heißt der Arbeitslosenquote zum Zeitpunkt des Kampfbeginns, richtet, eine Abhängigkeit, die man durchaus als immanente Schwäche der Gewerkschaften bezeichnen kann. Indessen würde diese durch ein Verbot der Aussperrung in keiner Weise beeinflußt, noch läßt sich erkennen, daß ein Aussperrungsverbot eine sonstwie sinnvolle Kompensation darstellen könnte.

### 3. Die Leistungsfähigkeit der Gewerkschaften und der Arbeitgeber bzw. Arbeitgeberverbände als Argument gegen die Parität

Nach dem Ergebnis der vorstehenden Überlegungen wird das finanzielle Risiko von Arbeitskämpfen heute überwiegend nicht mehr von den einzelnen Arbeitnehmern, sondern von den Gewerkschaften getragen. Folgerichtig leitet *Kittner*[15] aus dem begrenzten finanziellen Spielraum, der den Gewerkschaften zur Verfügung stehe, ein weiteres

---
[13] *Kittner*, S. 100; *Noé*, S. 221; *Schmid*, S. 22 f.; *Evers*, S. 52; *Däubler*, S. 646.
[14] Vgl. *Zöllner*, S. 41 ff.
[15] S. 96 ff.

Argument ab, deren Unterlegenheit gegenüber den Arbeitgebern darzulegen. Er führt dazu aus, der knapp drei Wochen dauernde Arbeitskampf in der Metallindustrie Nordwürttemberg-Nordbadens im Jahre 1971 habe die IG Metall ca. 75 Millionen DM gekostet. In Nordrhein-Westfalen würde eine einzige Streikwoche ca. 90 Millionen DM, das heißt etwa 19 % der Mitgliedsbeiträge eines Jahres kosten. Angesichts solcher Summen sei keine Gewerkschaft imstande, häufig oder lang Arbeitskämpfe zu führen. Die Arbeitgeber verfügten dagegen über erheblich größere finanzielle Reserven, die ein längeres Durchhalten des Arbeitskampfes gestatten. Kleineren Unternehmen könne überdies aus den Unterstützungsfonds der Arbeitgeberverbände wirksam geholfen werden. Zugunsten der Arbeitgeberseite falle ferner die sog. Sphärentheorie ins Gewicht, welche das Risiko des durch einen Arbeitskampf in Zuliefer- und Abnehmerbetrieben verursachten Produktionsausfalls den Unternehmen abnehme. Vor allem aber gewähre das in der kapitalistischen Wirtschaftsordnung verankerte Recht, über die Preise auf den Beschaffungs- und Absatzmärkten sowie über die Investitionen zu disponieren, den Arbeitgebern einen finanziellen Vorsprung vor den Gewerkschaften, dem diese nichts Gleichwertiges entgegenzustellen hätten.

Auch dieser Argumentation kann nur mit erheblichen Einschränkungen zugestimmt werden. Was die finanzielle Leistungsfähigkeit der Gewerkschaften angeht, wird man zunächst in Rechnung stellen müssen, daß diese neben den laufenden Einnahmen noch über beträchtliches Vermögen verfügen, das ihre Leistungsfähigkeit hebt. Ferner kommen Streikunterstützungen des DGB an die Einzelgewerkschaften in Betracht. Noch wichtiger ist der Umstand, daß die Einnahmen, über welche eine Gewerkschaft verfügt, nicht ein für allemal festliegen, sondern von der Höhe der Mitgliedsbeiträge abhängen und daher variiert werden können, wie sich auch umgekehrt die Kosten eines Arbeitskampfes vermindern lassen, indem die Gewerkschaft die Höhe der Unterstützungsleistungen senkt. So gesehen besagen die von *Kittner* genannten Zahlen nicht viel; das im konkreten Fall zur Verfügung stehende finanzielle Kampfpotential ist nur das Ergebnis temporärer Kalkulationen über die Relation von Einnahmen und Bedarf und über die Beitragswilligkeit der Gewerkschaftsmitglieder, nicht hingegen ein Maßstab, an dem sich die Kampfstärke ablesen ließe. Deren Grenze wäre erst dann erreicht, wenn die Gewerkschaften unter Mobilisierung aller Reserven die Beiträge so stark erhöhen und die Streikgelder verringern würden, daß ihnen die Mitglieder die Gefolgschaft verweigern. Wann diese Opfergrenze erreicht ist, hängt aber von vielen Faktoren ab, unter denen der finanzielle Aspekt nur einen, wenngleich wichtigen, bildet[16].

### 3. Die Leistungsfähigkeit der Gewerkschaften und der Arbeitgeber

Auf der anderen Seite bedarf auch die Behauptung *Kittners*, die Arbeitgeber verfügten über finanzielle Reserven, welche ihnen generell das Übergewicht über die Gewerkschaften in Arbeitskämpfen verliehen, der Korrektur. Wenn Kittner[17] zum Beleg für seine These darauf verweist, daß die Daimler-Benz AG sowohl 1963/64 wie 1971/72 imstande gewesen sei, die streikbedingten Umsatzverluste im Vergleich zur gesamten Kfz-Industrie binnen eines Jahres aufzuholen, so beweist dieses Beispiel schon deshalb nicht allzuviel, weil es sich um ein einziges, noch dazuhin außergewöhnlich starkes Unternehmen handelt, das nicht für die Situation in der Wirtschaft insgesamt repräsentativ ist. Es ist durchaus damit zu rechnen, daß namentlich kleinere Unternehmen über nur geringe Reserven verfügen und daher einem Arbeitskampf nicht lange standzuhalten vermögen. Dies gilt auch dann, wenn man berücksichtigt, daß von seiten der Arbeitgeberverbände unter Umständen große Beträge zur Unterstützung bestreikter Unternehmen aufgebracht werden[18], denn nachhaltige Verluste infolge einer Schwächung der Marktposition gegenüber der Konkurrenz, nicht zuletzt auf internationalen Märkten, können dadurch nicht kompensiert werden.

Das eigentliche Problem liegt aber an anderer Stelle. Im Vergleich zu den Gewerkschaften stehen die Unternehmen hinsichtlich der Finanzierung von Arbeitskämpfen vor einer völlig anders gearteten Situation, weil das in ihnen vereinigte Kapital dazu gebraucht wird, produktionsbereit und gesund zu bleiben und daher für den Arbeitskampf nicht ohne weiteres zur Verfügung steht. Werden erhebliche Beträge für diesen Zweck benötigt, so leidet die finanzielle Basis des Unternehmens, und der Arbeitgeber, der über die Einleitung oder Fortführung eines Arbeitskampfs zu entscheiden hat, muß abwägen, ob die Kosten des Kampfs und die Nachteile, die durch diesen finanziellen Aufwand für das Unternehmen zu erwarten sind, oder die von den geforderten Lohnerhöhungen zu erwartenden Kosten das Unternehmen schwerer belasten. Schon aus diesen Gründen sind die Beträge, welche einerseits die Gewerkschaften und andererseits die Arbeitgeber für Arbeitskämpfe aufzubringen haben, inkommensurabel. Über die Gleichheit oder Ungleichheit der Kampfstärke besagen sie nichts. Hinzu kommt noch, daß es die Arbeitgeber im Gegensatz zu den Gewerkschaften regelmäßig nicht in der Hand haben, ihren finanziellen Spielraum zu vergrößern. Ob es gelingt, die geforderten Lohnerhöhungen und die Kosten des Arbeitskampfs auszugleichen, hängt vielmehr von den Be-

---

[16] Zum Ganzen vgl. *Zöllner*, S. 42 f.; *Löwisch*, RdA 1975, S. 57 f.
[17] S. 97.
[18] Im Bericht über den Arbeitskampf in der Metallindustrie 1971 ist von Unterstützungsleistungen in Höhe von insgesamt 220 Millionen DM die Rede. Vgl. „Der Arbeitskampf '71", S. 43.

dingungen ab, die auf den Kapital- und Warenmärkten herrschen und die sie nicht steuern können[19]. Daraus erklärt sich das bekannte Phänomen, daß die Arbeitgeber im allgemeinen bereit sind, den Forderungen der Gewerkschaften nachzugeben, wenn sie die gestiegenen Lohnkosten durch Preiserhöhungen für die Produkte an die Verbraucher weitergeben können, während sie es auf den Arbeitskampf ankommen lassen, wenn dies nicht der Fall ist. Alles in allem hängt das finanzielle Potential, über welches die Unternehmer im Arbeitskampf verfügen, von wechselnden Umständen ab, die es ausschließen zu behaupten, sie seien den Gewerkschaften wegen ihrer Kapitalkraft generell überlegen. Da die Verhältnisse nicht nur variieren, sondern wegen der unterschiedlichen Verflechtung der Faktoren letztlich unvergleichbar sind, läßt sich auf diesem Weg überhaupt kein beweiskräftiger oder auch nur einleuchtender Ansatz gewinnen, ein strukturelles Übergewicht der Arbeitgeber darzulegen, welches ein Verbot der Aussperrung verfassungsrechtlich rechtfertigen würde[20].

### 4. Der Erfolg in Arbeitskämpfen als Paritätsmaßstab

Das negative Ergebnis der bisher referierten Versuche, ein Ungleichgewicht zwischen Arbeitnehmerseite und Arbeitgebern im gegenwärtigen Tarifvertrags- und Arbeitskampfwesen zu beweisen, veranlaßt zu überlegen, ob es andere Kriterien dafür gibt, die mehr Erfolg versprechen. Es bietet sich an, vom Ergebnis der Arbeitskämpfe auszugehen und zu argumentieren, eine Unterlegenheit der Arbeitnehmer sei jedenfalls dann festzustellen, wenn diese sich mit ihren Forderungen regelmäßig nicht auch nur zum Teil durchsetzen können, sondern erfolglos bleiben. Denn in diesem Fall muß man annehmen, daß die Arbeitnehmer — aus welchen Gründen auch immer — nicht genügend Kampfkraft besitzen, den Gegenmaßnahmen der Arbeitgeber standzuhalten[21].

---

[19] Auch der Monopolist und der Oligopolist sind nicht in der Lage, beliebige Lohnerhöhungen und Arbeitskampfkosten auf dem Markt wieder hereinzuholen.

[20] Das gilt auch, wenn man den Extremfall ins Auge faßt, daß in der ganzen Bundesrepublik gestreikt oder ausgesperrt wird, obwohl es dann näher liegt, die Befürchtung der Gewerkschaften zu teilen, sie seien auf die Dauer der geballten Finanzkraft der Industrie nicht gewachsen. Vgl. dazu unten Abschnitt VI 4. Zum Ganzen vgl. *Zöllner*, S. 40 f.

[21] Auf diesem Weg kann es, jedenfalls beim gegenwärtigen Stand der sozialwissenschaftlichen Forschung, allerdings nicht gelingen, ein zwischen den Parteien bestehendes Gleichgewicht positiv zu beweisen. Ein solcher Beweis wäre nur möglich, wenn sich feststellen ließe, daß sich die Parteien regelmäßig in einem Kompromiß getroffen haben, der ungefähr die Mitte

## 4. Der Erfolg in Arbeitskämpfen als Paritätsmaßstab

Auch auf diesem Weg läßt sich beim gegenwärtigen Stand der Sozialforschung allerdings keine methodisch gesicherte Argumentation aufmachen, weil es dazu an ausreichendem empirischen Material fehlt. In der amtlichen Statistik wurde nur in den Jahren von 1949 bis 1957 eine Erfolgsstatistik von Arbeitskämpfen geführt, und auch diese nur in einer ganz groben, auf die Kategorien „voller Erfolg", „teilweiser Erfolg", „ohne Erfolg" reduzierten Klassifikation. Die Statistik leidet ferner darunter, daß sie nicht angibt, nach welchen Gesichtspunkten der Erfolg beurteilt wurde. Gleichwohl soll sie hier aufgeführt werden, weil sie wenigstens als ein gewisses Indiz für die Antwort auf die gestellte Frage in Betracht kommt.

| Jahr | Verlorene Arbeitstage bei Streiks | | | | | |
| | mit vollem | | mit teilweisem | | ohne | |
| | Erfolg für die Arbeitnehmer | | | | | |
| | Anzahl | vH | Anzahl | vH | Anzahl | vH |
| --- | --- | --- | --- | --- | --- | --- |
| 1949[a) b)] | 36 874 | 13,6 | 215 709 | 79,8 | 14 575 | 5,4 |
| 1950[a)] | 13 403 | 3,6 | 337 927 | 90,7 | 21 179 | 5,7 |
| 1951 | 24 973 | 1,6 | 1420 531 | 89,3 | 144 493 | 9,1 |
| 1952 | 38 247 | 8,9 | 379 743 | 87,8 | 14 367 | 3,3 |
| 1953 | 13 898 | 0,9 | 1338 096 | 89,9 | 136 224 | 9,2 |
| 1954 | 58 028 | 3,7 | 1488 890 | 94,6 | 27 614 | 1,7 |
| 1955 | 4 263 | 1,5 | 148 117 | 52,7 | 128 958 | 45,8 |
| 1956 | 7 212 | 2,8 | 223 062 | 85,2 | 31 479 | 12,0 |
| 1957 | 401 | 0,0 | 2314 926 | 99,6 | 8 081 | 0,4 |

a) 1949 und 1950 ohne Rheinland-Pfalz, Baden, Württemberg-Hohenzollern und Lindau.
b) Außerdem 1,2 vH mit unbekanntem Ergebnis.
*Quelle:* Wirtschaft u. Statistik, 6. Jahrg. 1954, Heft 4, S. 190; 10. Jahrg., 1958, Heft 2, S. 91.

---

zwischen den ursprünglich erhobenen Forderungen und dem ursprünglichen Angebot bildet. Wo diese Mitte liegt, ist aber angesichts der Komplexität der beteiligten Faktoren und der von taktischen Überlegungen gekennzeichneten Ausgangslage kaum einwandfrei zu beschreiben. Doch kommt es auf einen solchen positiven Beweis auch nicht an, da nach der in den vorangehenden Abschnitten herausgearbeiteten Rechtslage der Eingriff des Gesetzgebers in die Aussperrungsfreiheit verfassungsrechtlich dann zulässig ist, wenn er erforderlich ist, ein Ungleichgewicht zwischen den Sozialpartnern auszugleichen (vgl. oben Abschn. IV 6). Das setzt voraus, daß ein solches Ungleichgewicht dargetan wird.

Aus den Zahlen ergibt sich, daß, mit Ausnahme des Jahres 1955 nur ein kleiner Teil der Streiks völlig erfolglos blieb, während in den weitaus meisten Fällen ein Kompromiß mit den Arbeitgebern erzielt werden konnte. Berücksichtigt man noch, daß von den erfolglosen Streiks der größte Teil ohne Billigung der Gewerkschaften geführt wurde[22], so ist der Schluß unausweichlich, daß die Erfolgsstatistik jedenfalls für die genannten Jahre eine Unterlegenheit der Gewerkschaften nicht wahrscheinlich macht.

Für die nachfolgende Zeit stehen mir Daten nur zu den Arbeitskämpfen 1963 und 1971 in der Metallindustrie Nordwürttembergs-Nordbadens zur Verfügung, die allerdings — bei aller Vorsicht — für unsere Frage besonders aussagekräftig sind, weil es sich um die wichtigsten Fälle handelt, in denen nicht nur gestreikt, sondern auch ausgesperrt wurde. Im Arbeitskampf 1963 hatte die IG Metall zunächst eine Erhöhung der Löhne um 8 % gefordert, während die Arbeitgeber eine Lohnpause, also ein Fortbestehen des bisher geltenden Lohnniveaus verlangten. Es kam zu einer Lohnerhöhung von zunächst 5 % und nach Ablauf eines Jahres weiteren 2 % bei auf 1$^1$/$_2$ Jahre verlängerter Dauer des Tarifvertrags[23]. 1971 belief sich die Forderung der IG Metall auf 11 % Lohnerhöhung, der ein Angebot von Arbeitgeberseite in Höhe von 4,5 % gegenüberstand. Die Parteien einigten sich schließlich auf eine Rate von 7,5 % und eine zusätzliche Sonderzahlung in Höhe von 10 % bis 30 % eines Monatseinkommens[24]. Im ersten Fall hat die Gewerkschaft demnach trotz der Aussperrung mehr als 50 % ihrer Forderungen durchsetzen können, im zweiten Fall etwa die Hälfte. Beide Fälle sprechen nicht dafür, daß die Gewerkschaft der schwächere, unterlegene Kampfpartner war.

### 5. Die Entwicklung der Lohnquote als Paritätsmaßstab

Ein Indiz für ein Ungleichgewicht zwischen den Sozialpartnern zu Lasten der Arbeitnehmerseite könnte es schließlich sein, wenn trotz der Tarifpolitik der Gewerkschaften der Anteil des Arbeitnehmereinkommens am Volkseinkommen insgesamt zurückginge. In der Tat behauptet *Däubler*[25] unter Berufung auf *Huffschmid*[26], *Jaeggi*[27] und

---

[22] Für 1955, 80 %, vgl. Wirtschaft und Statistik, 8. Jahrg. 1956, Heft 13, S. 151.
[23] Quelle: Der Arbeitskampf 1963, hrsgg. vom Verband Württ.-Badischer Metallindustrieller e. V. Stuttgart.
[24] Quelle: „Der Arbeitskampf '71", hrsgg. vom Verband der Metallindustrie Baden-Württembergs e. V. Stuttgart.
[25] Die unverhältnismäßige Aussperrung, JuS 1972, S. 646.
[26] Die Politik des Kapitals, 2. Aufl. 1969, S. 14 f.

### 5. Die Entwicklung der Lohnquote als Paritätsmaßstab

*W. Müller*[28], die Arbeitnehmereinkommen seien relativ gefallen, ohne dies allerdings mit Zahlen zu belegen. Dem stehen jedoch die Feststellungen des *Sachverständigenrates* zur Begutachtung der gesamtwirtschaftlichen Lage gegenüber, nach denen die Lohnquote von 1960 bis 1973 von 60,6 % auf 63,5 % gestiegen ist[29] und im Jahr 1974 erneut einen sprunghaften Zuwachs auf — bereinigt — 65,4 % erfahren hat[30]. Auch dieser Maßstab spricht also eher für ein Über- als für ein Untergewicht der Arbeitnehmerseite[31].

Das Gesamtergebnis der Untersuchungen ist daher für die Arbeitnehmerseite negativ. *Beim gegenwärtigen Stand der sozioökonomischen Verhältnisse und der wissenschaftlichen Erkenntnis gibt es keine beweiskräftigen oder plausiblen sozialwissenschaftlichen Argumente, die ein Ungleichgewicht zwischen den Sozialpartnern zu Lasten der Arbeitnehmer belegen würden. Daher besteht verfassungsrechtlich unter dem Gesichtspunkt einer Wiederherstellung der Parität kein Anlaß, in das unter dem Schutz der Koalitionsfreiheit stehende Tarifvertrags- und Arbeitskampfsystem einzugreifen und die Aussperrung einseitig zu verbieten.* Ein Aussperrungsverbot könnte verfassungsrechtlich nur unter dem zweiten Gesichtspunkt gerechtfertigt sein, daß es zum Schutz anderer besonders wichtiger Rechtsgüter erforderlich ist und das Gleichgewicht zwischen den Tarifpartnern nicht beeinträchtigt. Dem ist im folgenden Abschnitt nachzugehen.

---

[27] Macht und Herrschaft in der Bundesrepublik, 1969, S. 40 ff.
[28] In: Schäfer-Nedelmann (Hrsg.), Der CDU-Staat, 1967, S. 15.
[29] Die Zahlen sind den Jahresgutachten des Sachverständigenrats für 1972/73, Rdnr. 452, und 1973/74, Rdnr. 132 entnommen. Sie berücksichtigen bereits das Anwachsen des Anteils der in abhängiger Arbeit Beschäftigten an der Gesamtzahl der Erwerbstätigen.
[30] Jahresgutachten 1974/75, Rdnr. 146.
[31] Vgl. zum Ganzen ausführlich *Zöllner*, S. 47 ff. Dagegen ist nicht zu bezweifeln, daß sich der Anteil der abhängigen Arbeitnehmer am Volksvermögen, namentlich am Produktivvermögen vermindert hat. Es ist aber Zöllner beizupflichten, wenn er dazu ausführt, es liege nicht an der Übermacht der Arbeitgeberseite, wenn die Gewerkschaften in diesem Punkt bisher so gut wie nichts erreicht hätten, sondern daran, daß die Arbeitnehmerseite „meist den populären Weg des konsumfähigen Lohns vorgezogen" habe (S. 51).

## VI. Die verfassungsrechtliche Zulässigkeit eines Aussperrungsverbots zum Schutz anderer besonders wichtiger Rechtsgüter

### 1. Rechtfertigungsgründe für ein Aussperrungsverbot

Da die Aussperrung als Rechtsinstitut verfassungsrechtlich nicht absolut geschützt ist, kann sie durch den Gesetzgeber auch dann untersagt oder beschränkt werden, wenn dies zum Schutz besonders wichtiger Rechtsgüter erforderlich ist, sofern nur die Parität der Sozialpartner darunter nicht leidet[1].

Verfassungsrechtlich relevante Rechtsgüter, deren Schutz den Gesetzgeber veranlassen könnte, so zu verfahren, sind leicht erkennbar. Vor allem kommt der vom Sozialstaatsprinzip gebotene Schutz der Arbeitnehmer selbst vor sozialen Härten in Betracht. Im Gegensatz zum Streik kann die Aussperrung unter dem Gesichtspunkt des Sozialstaats schon aus dem Grund bedenklich erscheinen, weil sie den Arbeitnehmern gegen ihren Willen den laufenden Arbeitslohn raubt. Noch schwerer wiegt, daß sie wegen den von den Gewerkschaften bezahlten Streikgeldern vielfach vor allem die nicht organisierten Arbeitnehmer trifft, die sich an dem Arbeitskampf selbst aktiv nicht beteiligen und auf dessen Fortsetzung oder Beendigung auch keinen Einfluß ausüben können, sondern wegen einer behaupteten Gruppensolidarität mit den organisierten Arbeitnehmern in ihn hineingezogen werden. Nicht zu unrecht hat man die Aussperrung daher als „unsoziale Härte"[2] ja sogar als unmoralisch bezeichnet. Da der Schutz der abhängigen Arbeitnehmer ein besonders wichtiges Rechtsgut darstellt, das unter dem Gesichtspunkt der Menschenwürde und des Sozialstaats auch Verfassungsrang besitzt, wäre ein Aussperrungsverbot aus diesen Gründen verfassungsrechtlich zu rechtfertigen, sofern das Paritätsprinzip dies nicht verhindert[3]. Im folgenden ist daher zu untersuchen, ob auf die Aussperrung oder einzelne ihrer Erscheinungsformen verzichtet werden kann, ohne daß das Gleichgewicht der Sozialpartner dadurch gestört

---

[1] Denkbar wäre auch der Fall, daß der Paritätsverlust durch andere, neue Rechte kompensiert wird.

[2] *Evers*, S. 75.

[3] Auf der anderen Seite ist an dieser Stelle noch einmal darauf hinzuweisen, daß das Grundgesetz kein Gebot kennt, die Aussperrung abzuschaffen, ein solches Gebot namentlich nicht aus Art. 20 Abs. 1 GG folgt.

würde. Dabei ist zwischen den einzelnen Arten der Aussperrung zu differenzieren.

## 2. Die Angriffsaussperrung

Im Fall der *Angriffsaussperrung* eröffnet die Arbeitgeberseite den Arbeitskampf durch Aussperrung, ohne durch Streiks oder andere Kampfmaßnahmen der Gewerkschaften dazu veranlaßt zu sein. Sie zielt darauf ab, durch Druck auf die Gewerkschaften diese zu einer Einwilligung in die Herabsetzung der Tariflöhne oder doch zum Verzicht auf Lohnerhöhungen zu veranlassen[4]. In der Literatur wird die Angriffsaussperrung vor allem aus dem Grund für entbehrlich gehalten, weil die Arbeitgeber denselben Erfolg auch mit Hilfe der individualarbeitsrechtlichen Mittel der Massenkündigung und Massenänderungskündigung erreichen könnten[5]. Darüber hinaus wird argumentiert, es genüge als Kampfmittel der Arbeitgeber, Lohnforderungen einfach abzulehnen, um ihre legitimen Interessen durchzusetzen, ohne daß es noch der weitergehenden Angriffsaussperrung bedürfte. Lohnverminderungen könnten schon wegen des aus dem Sozialstaatsprinzip fließenden Verbots des sozialen Rückschritts[6] nicht mittels kollektiver Arbeitskampfmaßnahmen durchgesetzt werden[7].

Gegenüber diesen Argumenten ist der Einwand sicher richtig, die Massen(änderungs)kündigung vermittle den Arbeitgebern nur eine schwächere Position als die Angriffsaussperrung. Als individualrechtliche Maßnahme ist sie nach der Rechtsprechung des Bundesarbeitsgerichts[8] an die gesetzlichen Kündigungsgründe und -fristen gebunden. Auch kann ihr Effekt durch eine Vielzahl parallel in Gang gesetzter Kündigungsschutzprozesse beeinträchtigt werden[9]. Als Druckmittel, um kollektive Regelungen durchzusetzen, fällt sie weitgehend aus, weil die betroffenen Arbeitnehmer sie gegenstandslos machen können, indem sie individuell auf die angebotenen neuen Arbeitsbedingungen eingehen. Den Arbeitgebern bleibt dann nichts anderes übrig, als zu warten, ob die Gewerkschaften kollektive Maßnahmen ergreifen. Gelingt es diesen, ohne Streiks das Lager der Arbeitgeber zu spalten und

---

[4] Vgl. *Zöllner*, Aussperrung und arbeitskampfrechtliche Parität, S. 17.

[5] *Evers*, S. 74; *Däubler*, Die unverhältnismäßige Aussperrung, JuS 1972, S. 648; *Kittner*, Parität im Arbeitskampf, S. 101.

[6] Dazu z. B. *Ramm*, Der Arbeitskampf und die Gesellschaftsordnung des Grundgesetzes, S. 158; *Söllner*, Arbeitsrecht, 4. Aufl., S. 41.

[7] *Däubler*, S. 648; *Kittner*, S. 101.

[8] Vgl. hierzu BAGE 1, 291 (313); 3, 266 (270); BAG AP Nr. 37 (3) zu Art. 9 GG Arbeitskampf.

[9] *Reuter*, Nochmals: Die unverhältnismäßige Aussperrung — BAG (GS) AP, Art. 9 GG Arbeitskampf Nr. 43, JuS 1973, S. 284, 288.

## VI. Die verfassungsrechtliche Zulässigkeit eines Aussperrungsverbots

spezielle Unternehmenstarife durchzusetzen, so fehlt der Arbeitgeberseite das Mittel, sich dagegen kollektiv zu wehren[10].

All diesen zugunsten einer Unverzichtbarkeit der Angriffsaussperrung sprechenden Gesichtspunkten steht nun aber die Tatsache gegenüber, daß sie besonders unsozial ist, weil sie den Arbeitskampf gegen eine Vielzahl von Arbeitnehmern eröffnet, ohne daß diese zuvor die Initiative ergriffen hätten. Dies scheint auch der Hauptgrund zu sein, weshalb sie in der Realität praktisch nicht vorkommt, die Arbeitgeber vielmehr ganz offensichtlich unabhängig von der Rechtslage auf sie verzichten. Seit 1945 ist in der arbeitsrechtlichen Literatur kein Fall bekannt. Soweit überhaupt Beispiele genannt werden, taucht nur die Aussperrung in der nordwestdeutschen Eisenindustrie im Jahre 1928 auf[11]. Es liegt nahe, daraus den Schluß zu ziehen, daß sich die Arbeitgeber nicht ernstlich auf sie angewiesen fühlen. Allerdings ist zu bedenken, daß sich die Zeit seit dem 2. Weltkrieg durch einen nahezu ununterbrochenen wirtschaftlichen Aufstieg auszeichnete, in dem Lohnherabsetzungen nicht notwendig waren, weshalb auch kein Anreiz zur Angriffsaussperrung bestand. In Zeiten ökonomischer Depression kann sich dies ändern. Doch reichen auch in Notzeiten die Massenkündigung und Massenänderungskündigung aus, eine angemessene Erniedrigung der Löhne durchzusetzen, zumal dann auch der Widerstand der Arbeitnehmer dagegen schwächer ist als zu Zeiten der wirtschaftlichen Prosperität. Gerade in diesem Fall rechtfertigt es sich ferner, den Vorgang an die Kündigungsvoraussetzungen zu binden, die ja dem nach Art. 20 Abs. 1 GG auch verfassungsrechtlich relevanten Schutz der Arbeitnehmer dienen. Bei einem Verbot der Angriffsaussperrung bleibt demnach als rechtlich ins Gewicht fallender Gesichtspunkt nur der faktische Nachteil der Arbeitgeber übrig, den Arbeitskampf mit kollektiven Mitteln nicht beginnen zu können. Es ist nicht zu sehen, daß ihre Chance, sich in Tarifauseinandersetzungen gleichgewichtig mit den Arbeitnehmern zur Geltung zu bringen, dadurch ernstlich getroffen würde. Aus diesen Gründen ist festzustellen, daß der *Gesetzgeber verfassungsrechtlich nicht gehindert ist, die Angriffsaussperrung zu verbieten*[12].

---

[10] So *Zöllner*, Aussperrung und arbeitskampfrechtliche Parität, S. 21; *Tomandl*, Streik und Aussperrung als Mittel des Arbeitskampfs, S. 52.

[11] Vgl. *Zöllner*, S. 17; *Dietz*, Grundfragen des Streikrechts, JuS 1968, S. 1 (8); *Evers*, S. 57; *Reuter*, JuS 1973, S. 284, 288; *Söllner*, Arbeitsrecht, 4. Aufl., S. 73. Die praktische Seltenheit der Angriffsaussperrung relativiert allerdings auch das Interesse an einem gesetzlichen Verbot.

[12] Ebenso *Evers*, S. 75; *Zöllner*, S. 22. Um Mißverständnissen vorzubeugen, sei angemerkt, daß sich die Ausführungen im Text nur auf den Fall der Herabsetzung tariflicher Löhne nach dem Auslaufen eines Tarifvertrags beziehen (vgl. § 4 Abs. 5 TVG), nicht jedoch auf die Herabsetzung übertariflicher Leistungen, denn nur für diesen Fall kommt eine rechtmäßige Angriffsaussperrung in Betracht.

Die Lage ändert sich, wenn man die Massenkündigung und Massenänderungskündigung mit *Säcker*[13] und anderen[14] in Fällen der vorliegenden Art als Umgehung der Aussperrung für unzulässig hält. Ist dies der Fall, so wären die Arbeitgeber jedes wirksamen Mittels beraubt, die Herabsetzung der Löhne gleichzeitig für eine größere Zahl von Arbeitnehmern in die Wege zu leiten, wenn man ihnen das Recht zur Angriffsaussperrung verweigert. Dies kann nicht rechtens sein[15]. Doch hat sich die Lehre bisher nicht durchsetzen können, so daß es gerechtfertigt ist, sie hier beiseite zu lassen[16]. Sollte es zum gesetzlichen Verbot der Angriffsaussperrung kommen, wäre der Punkt besonders zu beachten und eventuell im Gesetz klarzustellen.

### 3. Die lösende Aussperrung

Als nächstes ist zu prüfen, welche verfassungsrechtlich relevanten Gründe zugunsten eines gesetzlichen Verbots der *lösenden Aussperrung* sprechen und ob sie auf der anderen Seite unter dem Gesichtspunkt der Parität der Sozialpartner unverzichtbar ist. Die Leitentscheidung des Bundesarbeitsgerichts zum Arbeitskampfrecht[17] hatte die lösende Aussperrung gerade mit der Begründung für zulässig erklärt, die Beschränkung der Arbeitgeber auf die suspensive Aussperrung würde „dem Prinzip der Kampfparität widersprechen und das Risiko des Arbeitskampfes einseitig zugunsten der Arbeitnehmerseite erleichtern". Es ist bekannt und braucht an dieser Stelle nicht wiederholt zu werden[18], daß das Gericht diese Argumentation nicht aufrechterhalten konnte, sondern sich unter dem Eindruck der vielfältigen Kritik[19] im Beschluß vom 21. 4. 1971[20] selbst genötigt sah, seine Ansicht stark zu modifizieren. Zwar erklärt es sie lösende Aussperrung nicht für generell unzulässig, wie es von zahlreichen Autoren gefordert wurde, bin-

---

[13] Die Herabsetzung nichttariflicher Arbeitsbedingungen durch kollektive Änderungskündigungen, DB 1967, S. 1087 (1090); *ders.*, Gruppenautonomie und Übermachtkontrolle im Arbeitsrecht, 1972, S. 235 ff.; *Hueck / Nipperdey / Säcker*, Arbeitsrecht, Bd. II/2, § 49 6 e, S. 1019 ff.
[14] *Reuss*, W., Kollektivrechtliche und (gebündelte) individualrechtliche Arbeitskampfmittel, JZ 1965, S. 348, 350, 351; *Reuter*, JuS 1973, S. 284 ff.; wohl auch: *Rüthers*, Die Spannung zwischen individualrechtlichen und kollektivrechtlichen Wertmaßstäben im Arbeitskampfrecht, ArbuR 1967, S. 129 ff., 135, 136; *Söllner*, Arbeitsrecht, S. 74.
[15] Ebenso *Zöllner*, S. 22.
[16] Dagegen u. a. *Zöllner*, Der Abbau einheitsvertraglicher Arbeitsbedingungen im nicht tariflich gesicherten Bereich, RdA 1969, S. 250, 254; *Canaris*, Die Allgemeinen Arbeitsbedingungen im Schnittpunkt von Privat- und Kollektivautonomie, RdA 1974, S. 18, 23, 26.
[17] BAGE (GS) 1, 291 (310 f.).
[18] Vgl. oben Abschn. I 3 a.
[19] Vgl. die Nachweise bei *Hueck / Nipperdey*, Arbeitsrecht Bd. II/2, S. 936 Anm. 43 b - 43 e.
[20] BAGE 23, 292.

det sie unter Anwendung des Verhältnismäßigkeitsgrundsatzes aber an so enge Voraussetzungen, daß sie in Zukunft nur noch eine untergeordnete Rolle spielen kann und praktisch kaum noch in Betracht kommt. Es ist hier nicht der Ort, zu dieser Rechtsprechung erneut kritisch Stellung zu nehmen. Für die verfassungsrechtliche Würdigung kommt es vielmehr allein darauf an, ob die lösende Aussperrung sich in der ihr vom Bundesarbeitsgericht nunmehr verliehenen rechtlichen Gestalt einem Verbot durch den Gesetzgeber widersetzt.

Ein Grund, der den Eingriff des Gesetzgebers in die lösende Aussperrung verfassungsrechtlich legitimiert, liegt — wie schon bei der Angriffsaussperrung — in dem Umstand, daß sie die Arbeitnehmer besonders hart trifft, weil sie die Arbeitsverhältnisse gegen deren Willen zum Erlöschen bringt. Ihr Nutzen für die Arbeitgeberseite liegt demgegenüber nur noch darin, daß sie ihnen im Arbeitskampf die Handhabe bietet, Arbeitnehmer auf einfache Weise freizusetzen, weil ihre Arbeitsplätze infolge des Arbeitskampfs weggefallen sind oder anderweitig besetzt werden konnten. Derselbe Effekt läßt sich im Ergebnis aber auch mit den Mitteln der individualrechtlichen Kündigung erreichen, welche das Bundesarbeitsgericht — entgegen manchen Äußerungen in der Literatur — in diesem Fall ausdrücklich zuläßt[21]. Auch ist die Kündigung für die Arbeitgeber nicht wesentlich ungünstiger, denn gewissen Nachteilen, die dadurch entstehen, daß die gesetzlichen Voraussetzungen eingehalten werden müssen, steht der Vorzug gegenüber, daß sie nicht, wie die Aussperrung, erst als ultima ratio in Betracht kommt. Andere Gründe, welche die lösende Aussperrung für die Arbeitgeberseite unter dem Gesichtspunkt der Parität unentbehrlich machten, sind nicht zu erkennen. Namentlich wäre es verfehlt, das Argument wieder aufzufrischen, die Arbeitgeber müßten dem suspensiven Streik die lösende Aussperrung als Kampfmittel entgegensetzen, um die Chancengleichheit zu wahren. Desgleichen reicht das Argument, sie entfalte als kollektiver Vorgang eine stärkere symbolische Bedeutung und psychische Wirkung auf die Arbeitnehmer als die Kündigung, zur Rechtfertigung nicht aus. *Auch die lösende Aussperrung ist daher nicht in den Verfassungsschutz des Art. 9 Abs. 3 GG einbezogen, sondern kann vom Gesetzgeber untersagt werden*[22].

### 4. Die suspensive Abwehraussperrung

Nachdem sich die Angriffsaussperrung und die lösende Abwehraussperrung als für die Arbeitgeber nicht unentbehrlich und daher als

---

[21] Vgl. BAGE 1, 291 (313); 3, 266 (270); BAG AP Nr. 37 (3) zu Art. 9 GG Arbeitskampf.
[22] Ebenso *Evers*, S. 70; *Zöllner*, S. 58.

## 4. Die suspensive Abwehraussperrung

verfassungsrechtlich gegen Eingriffe des Gesetzgebers nicht geschützt herausgestellt haben, verlagert sich das Problem auf die *suspendierende Abwehraussperrung*, das heißt auf den Fall, in dem der Arbeitgeberverband auf einen von den Gewerkschaften bereits in Gang gesetzten Streik mit der Aussperrung reagiert. Fälle dieser Art sind in den vergangenen Jahren mehrfach vorgekommen, die bekanntesten Beispiele bilden die großen Aussperrungen in der Metallindustrie in den Jahren 1963 und 1971. Letztere war für die Gewerkschaften auch der Anstoß, das Aussperrungsverbot nunmehr vehement in der Öffentlichkeit zu fordern und dieses Verlangen mit verfassungsrechtlichen und wissenschaftlichen Argumenten zu untermauern[23]. Die Behandlung der suspensiven Abwehraussperrung bildet demnach den *Kern des Problems*.

Die Absicht der *Arbeitgeberverbände*, die sich der Abwehraussperrung bedienen, geht regelmäßig dahin, gegenüber einem von Gewerkschaftsseite geführten Teil- oder Schwerpunktstreik den Kampfumfang oder das Kampfgebiet auszuweiten. Sie ziehen auf diese Weise nicht streikende, vielfach nicht einmal organisierte Arbeitnehmer in den Kampf hinein und setzen sie den finanziellen und sozialen Risiken aus, die der Arbeitskampf mit sich bringt. Nicht selten treiben sie sie wegen der Chance, Kampfunterstützungen zu erhalten, den Gewerkschaften geradezu in die Arme, so daß *Evers* formulieren konnte, die Arbeitgeber bauten durch die Aussperrung „eine Einheitsfront der Solidarität gegen sich" auf[24]. Zugleich führt die Ausweitung des Kampfgebiets zu erheblich steigenden Ausgaben der Gewerkschaften, die des Mittels beraubt werden, unter weitgehender Schonung ihrer finanziellen Reserven Schwerpunktstreiks dort auszurufen, wo sie wegen der hohen Arbeitsteilung und der Interdependenz der Produktionsvorgänge die Wirtschaft im Ganzen empfindlich treffen, ohne einen allzu großen Einsatz zu erfordern. Die gebietsausweitende Abwehraussperrung verschiebt demnach, sowohl was die finanziellen Reserven wie was die Wirkungen angeht, die Gewichte im Arbeitskampf sehr erheblich.

Namentlich *Evers*[25] hat es unternommen, die Entbehrlichkeit auch der Abwehraussperrung darzulegen. Er führt aus, gegenüber bereits Streikenden entfalte sie nur noch deklaratorische Wirkungen, sei aber nicht geeignet, den Druck der Arbeitgeberseite zu erhöhen, namentlich nicht in der Form, daß der Arbeitskampf über den Zusammenbruch des Streiks hinaus verlängert werden könnte[26]. Auch soweit Arbeitswillige

---

[23] Siehe oben Abschn. I 1.
[24] S. 70.
[25] S. 68 ff.
[26] S. 68 f.

von der Aussperrung betroffen würden, deren Beschäftigung aber infolge des Streiks unmöglich sei, bleibe sie ineffektiv, da der Arbeitgeber schon nach der Lehre vom Betriebsrisiko davon befreit sei, diese zu beschäftigen und den Lohn zu bezahlen[27]. Sie wirke sich daher vor allem gegen arbeitswillige Arbeitnehmer aus, die auch trotz des Arbeitskampfs beschäftigt werden können. Gegen sie werde durch die Aussperrung Druck ausgeübt, der aber den falschen Gegner treffe, da sie nicht die Partner des abzuschließenden Tarifvertrags sind. Der Druck gegen die Streikenden selbst und die Gewerkschaften sei nur mittelbar[28]. Umgekehrt würden durch ein Aussperrungsverbot elementare Interessen der Arbeitgeber nicht getroffen, vielmehr müßten nur die anderen ihnen im Arbeitskampf zur Verfügung stehenden Mittel differenziert eingesetzt werden[29]. Dadurch falle zwar der demonstrative Effekt der Aussperrung weg. Auch vermindere sich der Einfluß der Arbeitgeber auf Zeitpunkt, Dauer, Intensität und Ausmaß des Arbeitskampfs. Ungeachtet solcher psychologischer und taktischer Nachteile hätten sie aber noch immer eine reale Chance, ihre Interessen angemessen wahrzunehmen, womit der von der Verfassung gezogene Rahmen der Parität gewahrt sei. Ob das Gleichgewicht anders besser verwirklicht würde, sei unerheblich, denn die Feineinstellung der Gewichte und Gegengewichte habe die Verfassung der rechtsgestaltenden Entscheidung des Gesetzgebers überlassen[30]. Selbst wenn man im Fall eines Verbots der Abwehraussperrung aber einen verfassungsrechtlich relevanten Überhang zu Lasten der Arbeitgeber registrieren sollte, wäre das Gesetz durch die Sozialstaatsklausel gedeckt, weil es dem Schutz der schwächeren Arbeitnehmer diene und dem Arbeitgeber nur solche Lasten auferlege, die noch erheblich unter der Schwelle des Unzumutbaren bleiben[31].

Die Unausgewogenheit dieser Formulierungen muß den Einwand provozieren, daß *Evers* an seine Behauptung, auch bei einem Verbot der Abwehraussperrung sei die Chancengleichheit der Tarifpartner gewahrt, selbst nicht recht glaubt, sondern eine Überparität zugunsten der Arbeitnehmerseite für möglich hält. Was er über die verfassungsrechtliche Zulässigkeit des „Überhangs zu Lasten der Arbeitgeber" ausführt, ist überraschend und auffallend kurz, widerspricht aber vor allem seinem eigenen Gedankengang. Bei näherem Zusehen erweist sich seine Position als unhaltbar[32].

---

[27] S. 69.
[28] S. 69 f.
[29] S. 83.
[30] S. 84.
[31] S. 84.

## 4. Die suspensive Abwehraussperrung

Ein Verbot der Abwehraussperrung würde die Arbeitgeber auf der Ebene des kollektiven Verhandelns ihres wichtigsten Instruments berauben. Es würde ihnen vor allem die Handhabe entziehen, auf eine kollektive Tarifregelung hinzuwirken, wenn die Gewerkschaften es darauf anlegen, durch eine differenzierte Taktik und gezielte Einzelmaßnahmen die Solidarität der Arbeitgeber zu untergraben und den Abschluß von Firmentarifen zu erzwingen. Die Gewerkschaften würden in die Lage versetzt, den Arbeitskampf gegen einzelne Unternehmen zu führen, die ihnen in den meisten Fällen von vornherein unterlegen sind, und diese zum Nachgeben zu zwingen, da sie wegen der Gefährdung ihrer Stellung am Markt den Arbeitskampf nicht lange durchhalten können. Das Paritätsprinzip, das auf dem kollektiven Gleichgewicht beider Koalitionen beruht, würde auf diese Weise aus den Angeln gehoben, das von der Arbeitnehmerseite in einem langen historischen Kampf eroberte Recht, ihre Interessen kollektiv wahrzunehmen, der Arbeitgeberseite wieder entzogen[33].

Durchhalteparolen, Massenänderungskündigungen und Betriebsrisikolehre, die als Mittel der Arbeitgeberseite übrig bleiben, reichen nicht aus, dem Niederkämpfen eines einzelnen Unternehmens wirksam zu begegnen. Dasselbe gilt für Unterstützungsleistungen des Arbeitgeberverbandes und kollektive Arbeitskampfschutzmaßnahmen, denn sie decken den Schaden nicht ab, der entsteht, wenn ein Unternehmen infolge eines Arbeitskampfs Marktanteile einbüßt. Wo nicht einzelne Unternehmen Zielpunkt gewerkschaftlicher Kampfmaßnahmen sind, spielt ihnen ein Verbot der Abwehraussperrung jedenfalls die Möglichkeit in die Hand, das Kampfgebiet und damit auch das Tarifgebiet einseitig festzulegen, weil die Arbeitgeber sich gegen die Begrenzung der Auseinandersetzung auf bestimmte Bezirke nicht durch eine Ausweitung des Kampfgebiets zur Wehr setzen können[34]. In beiden Fällen wird die Chance der betroffenen Arbeitgeber, sich wirksam zu verteidigen, empfindlich gestört. Ihr Grundrecht, sich zu Koalitionen zusammenzuschließen, wird in Frage gestellt, weil sie die Vorteile, welche ihnen das gemeinsame Vorgehen gewährt, nicht nutzen können. Zugleich wird das Gleichgewicht zwischen den Sozialpartnern im Arbeits-

---

[32] Vgl. zum folgenden namentlich *Zöllner*, S. 17, 23, 52 ff.; ferner *Richardi*, Der Beschluß des Großen Senats des Bundesarbeitsgerichts vom 21. April 1971, RdA 1971, S. 334 ff. (337); *Wiedemann*, Die deutschen Gewerkschaften — Mitgliederverband oder Berufsorgan, RdA 1969, S. 321 ff. (333); *Benda*, Industrielle Herrschaft und sozialer Staat, S. 231 f.

[33] Das in diesem Zusammenhang von *Kittner*, S. 98, vorgebrachte Argument, Schwerpunktstreiks würden sich nur gegen große Unternehmen richten, die ihnen standhalten könnten, ist nicht zwingend.

[34] *Zöllner*, S. 52 ff.

## VI. Die verfassungsrechtliche Zulässigkeit eines Aussperrungsverbots

kampf erheblich zugunsten der Arbeitnehmer verschoben, die dadurch ungerechtfertigte Positionsvorteile erringen. Nicht zuletzt leidet die Funktionsfähigkeit des Tarifvertragssystems als eines marktwirtschaftlichen Regelungsmechanismus, weil dem Monopol der Gewerkschaften die Vielzahl der einzelnen bestreikten Unternehmen gegenübersteht. Aus all diesen Gründen ist die suspendierende *Abwehraussperrung für die Arbeitgeberseite nicht verzichtbar, soll die Parität der Kampf- und Verhandlungschancen gewahrt bleiben. Sie fällt somit unter den Verfassungsschutz des Art. 9 Abs. 3 GG. Der einfache Gesetzgeber ist nicht befugt, sie zu verbieten.*

Da die verfassungsrechtliche Garantie der kampfausweitenden Abwehraussperrung darauf beruht, daß es den Gewerkschaften andernfalls möglich wäre, Kampfgegner und Kampfgebiet einseitig zu bestimmen, ist dem Verfassungsgebot Genüge getan, wenn sich die Ausweitung des Kampfgebiets auf einen Bereich erstreckt, der so groß ist, daß die Koalitionen der Arbeitgeber ein hinreichendes Gegengewicht gegen die Gewerkschaften zu bilden vermag. Dagegen besteht kein Anlaß, den Arbeitgeberverbänden zu gestatten, das Kampfgebiet durch Aussperrungen über diesen Bereich etwa auf das Gebiet der ganzen Bundesrepublik auszudehnen. Zur Abgrenzung bietet sich das zwischen den Parteien bisher vertraglich festgelegte bzw. das übliche Tarifgebiet an. Dehnen die Gewerkschaften den Streik darüber hinaus aus, steht den Arbeitgebern von selbst die Abwehraussperrung auch im erweiterten Bereich offen. Daß sie selbst den Arbeitskampf über ein Tarifgebiet hinaus ausdehnen, mag zwar in ihrem Interesse liegen, ist aber unter dem Gesichtspunkt der Parität im Normalfall nicht erforderlich und daher verfassungsrechtlich nicht geschützt[35]. *Daraus folgt, daß der Gesetzgeber Abwehraussperrungen untersagen kann, welche den Arbeitskampf über ein Tarifgebiet hinaus ausdehnen.*

Etwas anderes muß vielleicht gelten, wenn die Arbeitgeber eine Erweiterung des Tarifgebiets über die bisher vertraglich festgelegten Grenzen hinaus wünschen und es deswegen zum Streik kommt. Ob ihnen in diesem Fall die Ausweitung einer Abwehraussperrung bis zu den Grenzen des gewünschten Gebiets zugestanden werden muß, damit die Chancengleichheit gewahrt bleibt, bedarf noch näherer Untersuchung.

---

[35] Vgl. *Zöllner*, S. 48, der ausführt, nach der Tarifpraxis zu urteilen, sei eine solche Ausweitung offenbar nicht nötig, um zu angemessenen Tarifabschlüssen zu kommen. Deshalb wäre eine derart überschießende Aussperrungspraxis unter Umständen ein Verstoß gegen den Grundsatz der Verhältnismäßigkeit.

## 5. Die Sympathieaussperrung

Als letztes ist die *Sympathieaussperrung* zu prüfen. Unter Sympathiearbeitskampf verstehen herrschende Lehre und Rechtsprechung einen Streik oder eine Aussperrung, die in der Absicht geführt werden, den zwischen zwei anderen Partnern bereits geführten Arbeitskampf zu beeinflussen, ohne daß eigene Kampfziele verfolgt werden. Der Sympathiearbeitskampf ist akzessorisch zu einem Hauptkampf[36].

Die Frage, ob Sympathiestreiks und -aussperrungen zulässig sind, ist schon im geltenden Recht stark umstritten. Das Bundesarbeitsgericht hat in seinem Grundlagenbeschluß vom 28. Januar 1955[37] in einem obiter dictum zwar zu erkennen gegeben, daß es von der Zulässigkeit der Sympathieaussperrung ausgeht, jedoch lassen sich aus der Stelle keine weitreichenden Folgerungen ziehen, da sie im Begründungszusammenhang keine tragende Funktion erfüllt. In einer späteren Entscheidung bleibt die Frage ausdrücklich offen[38], so daß sie richterlich bisher nicht eindeutig geklärt ist. In der arbeitsrechtlichen Literatur herrschen nicht ohne Berechtigung Zweifel, ob die Sympathieaussperrung den Anforderungen gerecht wird, welche das Bundesarbeitsgericht selbst an die Sozialadäquanz (und neuerdings an die Verhältnismäßigkeit) einer Arbeitskampfmaßnahme stellt[39]. Man verneint die Zulässigkeit des Sympathiearbeitskampfs vor allem deshalb, weil er keine unmittelbaren Vorteile für die Kämpfenden birgt, sondern um Kampfziele geführt wird, welche der Gegner selbst gar nicht erfüllen kann. Auch wird argumentiert, es bleibe ungewiß, ob der Gegner überhaupt einen Druck auf die Hauptpartei auszuüben vermag, denn dies hänge von den Umständen und nicht zuletzt von dem kaum zu beeinflussenden Willen des Partners im Hauptkampf ab. Unter diesen Umständen läßt sich die Zulässigkeit des Sympathiekampfs, wie *Rüthers*[40] mit Recht ausführt, nur unter dem Gesichtspunkt einer allgemeinen Solidarität der Arbeitgeber bzw. der Arbeitnehmer über die Grenzen eines Wirt-

---

[36] *Hueck / Nipperdey*, Arbeitsrecht, Bd. II/2, S. 907; *Söllner*, Arbeitsrecht, S. 71.
[37] BAGE 1, 291 (310).
[38] BAG AP Nr. 34 zu Art. 9 GG Arbeitskampf.
[39] Vgl. namentlich *Rüthers*, Zur Rechtmäßigkeit von Sympathie-Arbeitskämpfen, BB 1964, S. 312 ff., 314; *ders.*, Die Spannung zwischen individualrechtlichen und kollektivrechtlichen Wertmaßstäben im Arbeitskampfrecht, ArbuR 1967, S. 129 ff., 131; *Evers*, S. 76; *R. Schmid*, Aussperrung — Recht oder Unrecht?, S. 29; vgl. auch *Söllner*, Arbeitsrecht, S. 90; dagegen die bisher herrschende Meinung: vgl. *Hueck / Nipperdey*, Arbeitsrecht, Bd. II/2, S. 899, 1009 mit weiteren umfangreichen Nachweisen in Fn. 35; vgl. im übrigen die Darstellung hierzu bei *Hartje*, Der Sympathiearbeitskampf, 1971, S. 239 f., 244, 245 f.
[40] Vgl. auch *Brox / Rüthers*, Arbeitskampfrecht, S. 127, 136.

schaftszweigs oder eines Tarifgebiets hinweg rechtfertigen, das heißt letztlich aus einer „überholten Ideologie des totalen Klassenkampfs"[41]. Dies entspricht dem geltenden Arbeitsrecht nicht mehr. Die besseren Gründe sprechen deshalb dafür, den Sympathiearbeitskampf, und zwar sowohl in der Gestalt des Sympathiestreiks wie der Sympathieaussperrung, schon nach einfachem Recht für unzulässig zu erklären. Jedoch liegt diese Frage bereits jenseits der Grenzen, welche das Verfassungsrecht zieht, und braucht daher an dieser Stelle nicht weiter verfolgt zu werden.

Wird der Sympathiearbeitskampf tatsächlich für unzulässig erklärt, erledigt sich die Frage eines einseitigen Verbots der Aussperrung. Dagegen ist zu erwägen, ob es mit dem Grundgesetz vereinbar wäre, den Sympathiestreik einseitig zuzulassen, die Sympathieaussperrung dagegen zu verbieten. Die Situation gleicht in diesem Fall der einer gewöhnlichen Abwehraussperrung, denn auch der Sympathiestreik kann der ihn führenden Gewerkschaft die Handhabe bieten, Kampfgegner und Kampfgebiet einseitig zu bestimmen und gegebenenfalls einige Unternehmen kraft ihrer Übermacht niederzuringen, sofern der Arbeitgeberseite die Hände gebunden werden, sich durch eine gebietsausweitende Abwehraussperrung zu wehren. Der Fall ist daher nicht anders zu beurteilen als der um eigene Ziele der Kampfparteien geführte Arbeitskampf. *Bleibt der Sympathiestreik zulässig, so läßt Art. 9 Abs. 3 GG es nicht zu, die Sympathieaussperrung einseitig zu untersagen.*

---

[41] So *Rüthers*, S. 80.

## VII. Aussperrungsverbot und völkerrechtliche Verpflichtungen der Bundesrepublik Deutschland

### 1. Die Aussperrung nach der Europäischen Konvention zum Schutz der Menschenrechte und Grundfreiheiten

Die vorangehenden Untersuchungen haben ergeben, daß der Gesetzgeber durch das Grundgesetz nicht gehindert ist, die Angriffsaussperrung und die Aussperrung mit lösender Wirkung zu untersagen, wohingegen er die Abwehraussperrung, auch wenn sie zur Abwehr eines Sympathiestreiks durchgeführt wird, nicht einseitig verbieten kann. Da der deutsche Gesetzgeber auch an internationale Verträge gebunden ist, stellt sich nunmehr die Frage, ob die Aussperrung aufgrund solcher Verträge einen weitergehenden Schutz genießt[1].

Als erstes ist Art. 11 der *Europäischen Konvention zum Schutz der Menschenrechte und Grundfreiheiten* vom 4. 11. 1950 zu prüfen, der allen Menschen das Recht gewährt, „sich friedlich zu versammeln und sich frei mit anderen zusammenzuschließen, einschließlich des Rechts, zum Schutz ihrer Interessen Gewerkschaften zu bilden und diesen beizutreten". Aus der Vorschrift wird vereinzelt eine Garantie der Arbeitskampffreiheit, und zwar nicht nur für die Arbeitnehmer-, sondern auch für die Arbeitgeberseite abgeleitet[2]. Auch *Nipperdey* interpretiert sie, gleich wie Art. 9 Abs. 3 GG, im Sinn einer institutionellen und funktionellen Garantie der kollektiven Koalitionsfreiheit einschließlich des Arbeitskampfs[3]. Selbst wenn man so weit geht — was sich angesichts des mageren Wortlauts keineswegs von selbst versteht — wird man der Vorschrift aber schwerlich eine Garantie der Aussperrung entnehmen können, die weiter reicht als der Schutz des Art. 9 Abs. 3 GG und auch die Angriffsaussperrung sowie die lösende Aussperrung mitumfaßt[4]. Jedenfalls ergibt sich aber aus dem Gesetzesvorbehalt des Art. 11 Abs. 2 MRK, daß der Gesetzgeber befugt ist, die Aussperrung

---

[1] Dagegen kommt es für die Gutachtenfrage nicht darauf an, den genauen Schutzumfang der in Betracht kommenden völkerrechtlichen Konventionen zu bestimmen, sofern er nur nicht höher liegt als der vom Grundgesetz gewährte Schutz.
[2] Vgl. *Floretta*, Arbeitsrecht und Europäische Menschenrechtskonvention, 1967, S. 17; *Pernthaler*, Verfassungsrechtliche Probleme der autonomen Rechtssetzung im Arbeitsrecht, ÖZöffR 1967, S. 45 (80 f.).
[3] *Hueck / Nipperdey*, Arbeitsrecht, Bd. II/2, § 47 B II, S. 920 f.
[4] Ebenso *Nipperdey*, S. 920.

insoweit zu begrenzen, denn die Vorschrift läßt gesetzliche Einschränkungen der durch Abs. 1 gewährten Rechte ausdrücklich zu, sofern sie „in einer demokratischen Gesellschaft im Interesse ... der Aufrechterhaltung der Ordnung und der Verbrechensverhütung ... oder des Schutzes der Rechte und Freiheiten anderer notwendig sind". Es bedarf nach dem oben[5] Gesagten keiner weiteren Begründung mehr, daß ein um des Schutzes der abhängigen Arbeitnehmer vor unbilligen sozialen Härten eingeführtes Verbot der Angriffsaussperrung und der lösenden Aussperrung im Zeichen des Sozialstaats durch deren Rechte und Freiheiten gedeckt ist[6].

## 2. Die Aussperrung nach der Europäischen Sozialcharta

Problematischer sind die Vorschriften der *Europäischen Sozialcharta* vom 18. 10. 1961. Teil II Art. 6 der Sozialcharta lautet in den hier einschlägigen Partien:

„Um die wirksame Ausübung des Rechts auf Kollektivverhandlungen zu gewährleisten, ... anerkennen (die Vertragsparteien)
4. das Recht der Arbeitnehmer und Arbeitgeber auf kollektive Maßnahmen im Fall von Interessenkonflikten einschließlich des Streikrechts vorbehaltlich der Verpflichtungen, die sich aus den in Kraft stehenden Gesamtarbeitsverträgen ergeben können.

Art. 31 Europ. Sozialcharta gestattet, diese Rechte durch Gesetz einzuschränken, sofern dies „zum Schutze der Rechte und Freiheiten anderer oder zum Schutze der öffentlichen Sicherheit und Ordnung, der Sicherheit des Staates, der Volksgesundheit und der Sittlichkeit erforderlich ist". Nach dem Anhang zu Art. 6 Nr. 4 waren sich die unterzeichnenden Staaten darüber einig, daß jede Vertragspartei für sich auch die Ausübung des Streikrechts unter diesen Voraussetzungen regeln kann. Die Reichweite dieser Formulierungen in Bezug auf die Aussperrung wurde in der deutschen Literatur bereits intensiv erörtert, weil — nicht anders als bei Art. 9 Abs. 3 GG — die Gültigkeit des Aussperrungsverbots nach Art. 29 Abs. 5 der Hessischen Verfassung davon abhängt[7]. Dabei

---

[5] Abschn. VI 1.

[6] Im Ergebnis ebenso auch *Tomandl,* Streik und Aussperrung als Mittel des Arbeitskampfs, 1965, S. 97 f.

[7] Vgl. *Isele,* Die Europäische Sozialcharta, 1967; *Reuss,* Besprechung der Schrift von Isele, AuR 1968, S. 152; *Ramm,* Die Anerkennung des Streikrechts, AuR 1967, S. 97 ff.; *Wengler,* Hektographiertes Rechtsgutachten über die Auswirkungen der Europäischen Sozialcharta auf Art. 29 Abs. 5 der Verfassung des Landes Hessen, 1967, mit Nachtrag 1967; *Lerche,* Verfassungsrechtliche Zentralfragen des Arbeitskampfs, 1968, S. 82 f.; *Tomandl,* Streik und Aussperrung als Mittel des Arbeitskampfs, 1965, S. 99 ff.; *Merker,* Zur Frage der Zulässigkeit der Aussperrung, DB 1965, S. 326; *ders.,* Zur Frage der Zulässigkeit der Aussperrung, DB 1968, S. 1404; *Jürging,* Das Aussperrungsverbot der Hessischen Verfassung, DB 1966, S. 190; *Promberger,* Arbeits-

## 2. Die Aussperrung nach der Europäischen Sozialcharta

wurde zunächst die Frage kontrovers, ob Art. 6 Ziff. 4 Europäische Sozialcharta unmittelbar geltendes innerstaatliches Recht geschaffen habe oder nur völkerrechtliche Verpflichtungen der Vertragsstaaten, welche durch die innerstaatliche Gesetzgebung erst realisiert werden müssen[8]. Die Frage kann hier auf sich beruhen, denn auch im letzteren Fall wäre der deutsche Gesetzgeber an den Vertrag gebunden, wenn er beabsichtigt, ein Aussperrungsverbot zu erlassen. Aber auch die inhaltliche Reichweite des Art. 6 Ziff. 4 Europäische Sozialcharta in Bezug auf die Aussperrung blieb umstritten. Während namentlich *Wengler, Prombreger* und *Lerche* meinen, die Vorschrift lasse sich, vor allem wegen ihrer Unschärfe, nicht als allgemeine Aussperrungsgarantie verstehen und stehe daher auch sachlich dem Aussperrungsverbot der Hessischen Verfassung nicht im Wege, vertritt die Mehrzahl der Autoren den entgegengesetzten Standpunkt[9].

An dieser Stelle kommt es wiederum nicht darauf an, zu klären, ob die Vorschrift einem vollständigen Aussperrungsverbot entgegenstehen würde, da hierzu der deutsche Gesetzgeber schon nach dem Grundgesetz nicht befugt ist. Die Frage lautet vielmehr nur noch, ob sie auch die besonderen Erscheinungsformen der Angriffsaussperrung und der lösenden Aussperrung garantiert. Dies ist nicht anzunehmen. Schon der verschwommene Wortlaut, der allgemein und vage von „kollektiven Maßnahmen" handelt, spricht nicht dafür, daß damit jede in Betracht kommende Kampfmaßnahme in allen ihren rechtlichen Ausprägungen gemeint sein sollte. Auch aus der Entstehungsgeschichte ergibt sich nach *Wengler* kein Hinweis, daß die Beratende Versammlung auch nur die Aussperrung als solche in den Schutz des Art. 6 Abs. 4 mit einbeziehen wollte[10]. Dagegen spricht auch, daß die Aussperrung in anderen europäischen Staaten, zum Beispiel in Italien und Frankreich, nur unter sehr engen Bedingungen rechtlich anerkannt ist[11]. Es wäre merkwürdig, wenn diese Staaten in einem internationalen Vertrag eine Regelung akzeptiert hätten, welche den innerstaatlichen Rechtszustand in einem innenpolitisch so exponierten Punkt in Frage stellt. Selbst wenn alle diese Gründe aber nicht stichhaltig sein sollten, würde sich die Beschränkbarkeit der Aussperrung aus dem Vorbehalt des Art. 31 Europ.

---

kampf und Einzelarbeitsvertrag, 1967, S. 12 f.; *Nipperdey,* in: Hueck / Nipperdey, Arbeitsrecht, Bd. II/2, § 57 III, S. 922 ff.; *Söllner,* Arbeitsrecht, 4. Aufl. 1974, S. 78.

[8] Für unmittelbar geltendes Recht z. B. *Ramm,* ebd.; *Söllner,* ebd.; *Reuss,* ebd.; *Promberger,* ebd.; für lediglich völkerrechtliche Verpflichtung namentlich *Wengler,* ebd.; *Lerche,* ebd.; *Nipperdey,* ebd.

[9] So namentlich *Nipperdey, Merker, Jürging, Tomandl,* jeweils Anm. 7.

[10] Zitiert nach *Lerche,* S. 84.

[11] Vgl. dazu neuestens die Darstellungen von *Giugni,* Streik und Aussperrung in Italien, und *Lyon-Caen,* Streik und Aussperrung in Frankreich, beide bei Kittner (Hrsg.), Streik und Aussperrung, 1974, S. 265 ff. und 333 ff.

## VII. Aussperrungsverbot und völkerrechtliche Verpflichtungen

Sozialcharta ergeben. Denn die Zulässigkeit eines gesetzlichen Verbots der Angriffs- und der lösenden Aussperrung wurde für das deutsche Recht ja gerade damit begründet, daß sie dem Schutz der Arbeitnehmer diene. Ein solcher Schutzzweck ist, wie schon durch Art. 11 Abs. 2 MRK, auch durch Art. 31 Europ. Sozialcharta gedeckt[12]. *Nach alledem läßt sich auch aus internationalen Verträgen kein weitergehender Schutz der Aussperrung ableiten als ihn Art. 9 Abs. 3 GG gewährt.*

---

[12] Anders *Nipperdey*, S. 924 ff., der annimmt, die Anerkennung kollektiver Maßnahmen der Arbeitgeberseite könne nur als Anerkennung der Aussperrung, und zwar auch der Angriffsaussperrung und ersichtlich auch der lösenden Aussperrung verstanden werden. Das bleibt aber eine unbegründete Behauptung, denn der Wortlaut von Art. 6 Abs. 4 Europ. Sozialcharta zwingt keineswegs dazu, alle Arten der Aussperrung gleich zu behandeln.

## VIII. Ergebnisse in Thesen

1. Sedes materiae für die verfassungsrechtliche Beurteilung eines gesetzlichen Aussperrungsverbots ist Art. 9 Abs. 3 GG (S. 20 f.).
2. Der Wortlaut des Art. 9 Abs. 3 GG enthält keine konkreten Richtlinien für die Lösung des Problems. Er liefert aber einen wichtigen Hinweis für die Interpretation insofern, als er den Grundrechtsschutz jedermann, das heißt Arbeitnehmern und Arbeitgebern gleichermaßen gewährt (S. 21 f.).
3. Aus der Entstehungsgeschichte des Art. 9 Abs. 3 GG ergeben sich keine klaren Hinweise. Soweit sich aus den Beratungen überhaupt Schlüsse ziehen lassen, ist festzustellen, daß der Parlamentarische Rat eine Anerkennung des Streiks im Grundgesetz in Aussicht genommen hatte. Hinsichtlich der Aussperrung war von einer Anerkennung nicht die Rede, aber davon, daß sie nicht verboten werden solle. Im endgültigen Text des Grundgesetzes hat sich die Debatte nicht niedergeschlagen (S. 22 ff.).
4. Aus der „Notstandsnovelle" des Art. 9 Abs. 3 Satz 3 GG läßt sich eine verfassungsrechtliche Garantie der Aussperrung nicht ableiten (S. 25 ff.).
5. Eine Interpretation des Art. 9 Abs. 3 GG, die den Grundrechtsschutz einseitig den Arbeitnehmern zukommen läßt, ist verfassungsrechtlich nicht haltbar. Vollends hat das Grundgesetz in Art. 9 Abs. 3 GG und Art. 20 Abs. 1 GG nicht „das revolutionäre sozialistische Rechtsprinzip" in sich aufgenommen und durchgesetzt (S. 32 ff.).
6. Der Hinweis auf die historisch gewordene Realität reicht nicht aus, eine verfassungsrechtliche Garantie des gegenwärtigen Rechtszustands im kollektiven Arbeitsrecht zu begründen (S. 45 f.).
7. Eine verfassungsrechtliche Garantie des gegenwärtigen Rechtszustands im kollektiven Arbeitsrecht kann auch nicht auf das Argument gestützt werden, die autonom handelnden Sozialpartner seien besser als die Staatsgewalt imstande, die Löhne und Arbeitsbedingungen befriedigend zu regeln (S. 46).
8. Aus einem dem Sozialstaatsprinzip entnommenen Grundsatz der sozialen Selbstverwaltung läßt sich eine verfassungsrechtliche Garantie der Aussperrung gleichfalls nicht ableiten (S. 46 ff.).

9. Auch mit Hilfe des Demokratieprinzips läßt sich das Aussperrungsproblem nicht lösen (S. 47).
10. Die liberalstaatliche Komponente des Grundgesetzes spricht zwar dafür, die Aussperrung als das angestammte, autonom entstandene Kampfmittel der Arbeitgeber in den Verfassungsschutz einzubeziehen. Sie reicht aber nicht so weit, daß die Staatsgewalt aus der Regelung der Arbeits- und Wirtschaftsbedingungen völlig verdrängt würde. Vielmehr verbleibt dem Gesetzgeber eine aus dem Sozialstaatsprinzip abgeleitete Regelungsbefugnis (S. 48 f.).
11. Wie weit diese Regelungsbefugnis reicht, ist kontrovers (S. 49 f.).
12. Da Art. 9 Abs. 3 GG die Autonomie der Arbeitgeber- und der Arbeitnehmerkoalitionen gleichermaßen schützt, muß jede Lösung des Konflikts zwischen Koalitionsautonomie und Regelungsbefugnis des Gesetzgebers beide Sozialpartner benachteiligen oder begünstigen. Je stärker die Staatsgewalt betont, je eher ein Aussperrungsverbot für statthaft erachtet wird, desto enger sind auch die der Streikfreiheit gezogenen Grenzen (S. 50).
13. Angesichts der kontroversen Meinungen in der Literatur empfiehlt es sich zu fragen, ob sich eine Prognose aufstellen läßt, wie das Bundesverfassungsgericht als die letztlich zur Entscheidung berufene Instanz die Grenze zwischen Koalitionsautonomie und staatlichem Regelungsanspruch ziehen wird (S. 50 ff.).
14. Obwohl sich das Bundesverfassungsgericht mit dem Arbeitskampf noch nicht näher befaßt hat, lassen sich konstante Vorstellungen und Entwicklungslinien seiner Judikatur erkennen, welche die Prognose begründet erscheinen lassen, es werde bezüglich des Arbeitskampfes einer gleichartigen Konzeption Raum geben (S. 51).
15. Das Bundesverfassungsgericht bemüht sich um eine ausgewogene mittlere Lösung, welche die Koalitionsautonomie und die Regelungsbefugnis des Staates in ein bewegliches Gleichgewicht zueinander zu bringen sucht und ihr relatives Gewicht gegeneinander abwägt, so daß sich im Ergebnis weder das Freiheitsrecht noch der staatliche Regelungsanspruch uneingeschränkt behaupten, von beiden aber ein Kern erhalten bleibt. Als Richtpunkte dienen dabei Sinn und Zweck des Koalitionsverfahrens, die historisch gewachsenen Gegebenheiten sowie die Entwicklungstendenzen des Soziallebens (S. 54).
16. Die Judikatur des Bundesverfassungsgerichts zu Art. 9 Abs. 3 GG läßt erkennen, daß das Gericht die Aussperrung in ihrer gegenwärtigen, von der herrschenden Lehre und vom Bundesarbeitsgericht ausgeformten Gestalt nicht ohne weiteres für verfassungsfest erklären würde (S. 57).

## VIII. Ergebnisse in Thesen

17. Auf der anderen Seite muß man für wahrscheinlich halten, daß das Gericht die Aussperrung in einer besonderen Nähe zum Kernbereich der Koalitionsautonomie ansiedeln und daher die Voraussetzungen für ein gesetzliches Verbot besonders hochschrauben würde (S. 58).

18. Ein Aussperrungsverbot oder eine gesetzliche Beschränkung der Aussperrung erscheinen im Lichte der Judikatur des Bundesverfassungsgerichts nur dann als mit Art. 9 Abs. 3 GG vereinbar, wenn im Vergleich zum hohen Wert der Koalitionsautonomie besonders gravierende allgemeine Interessen an der Ordnung und Befriedung des Arbeitslebens oder der Schutz besonders wichtiger anderer Rechtsgüter dies fordern (S. 58).

19. Als Rechtfertigungsgrund für einen Eingriff des Gesetzgebers in die Arbeitskampffreiheit kommt nach den genannten Regeln eine Verletzung des Paritätsprinzips in Betracht (S. 59 ff.).

20. Das Paritätsprinzip läßt sich nicht aus dem allgemeinen Gleichheitssatz des Art. 3 Abs. 1 GG ableiten. Es folgt auch nicht aus einem sich an den Staat richtenden Neutralitätsgebot (S. 62 ff.).

21. Das Paritätsgebot ergibt sich aber aus dem Sinn und der Funktionsfähigkeit des Tarifvertragswesens, denn es ist als Garant ausgewogener Rechtsbeziehungen zwischen den Tarifpartnern unverzichtbar. Das Paritätsprinzip ist daher unerläßlicher Bestandteil der verfassungsrechtlichen Koalitionsgarantie (S. 64 ff.).

22. Das Paritätsprinzip ist zugleich das wichtigste Mittel, dem Verfassungsgebot Rechnung zu tragen, daß die Koalitionen nicht neben die demokratisch legitimierten Staatsorgane treten und politische Macht ausüben können, welche die innere Souveränität des Staats in Frage stellt. Denn in dem Maße, in dem sich die Koalitionen gegenseitig in Schach halten, wird ihre soziale Macht gebunden und neutralisiert (S. 69 f.).

23. Parität bedeutet das Gleichgewicht und die materielle Chancengleichheit der Tarifpartner, die ihnen gestattet, ihre eigenen Interessen in Tarifverhandlungen und Arbeitskämpfen in der Konfrontation mit dem Gegner angemessen zur Geltung zu bringen (S. 70).

24. Es kann sich für das Recht nicht darum handeln, allein durch rechtliche Maßnahmen den Gleichgewichtszustand zwischen den Sozialpartnern herbeizuführen oder sein Fortdauern zu gewährleisten, denn dazu ist der Raster des Rechts nicht fein und flexibel genug. Statt dessen hat sich der Gesetzgeber mit dem bescheideneren Ziel zu begnügen, Störfaktoren zu beseitigen, welche die Parität der Sozialpartner strukturell und nachhaltig gefährden, soweit

dies mit rechtlichen Mitteln möglich ist. Im übrigen hat er Regelungen zu schaffen, die das Gleichgewicht nicht ihrerseits stören oder beseitigen, sondern im Gegenteil fördern (S. 71 f.).

25. Im Lichte der Judikatur des Bundesverfassungsgerichts erscheint die Herstellung oder Aufrechterhaltung der Parität als ein besonders gravierendes allgemeines Interesse, welches den gesetzlichen Eingriff in die Tarifautonomie und Arbeitskampffreiheit rechtfertigt. Greift der Gesetzgeber zum Schutz anderer besonders wichtiger Rechtsgüter in die Koalitionsfreiheit ein, so ist dies verfassungsrechtlich nur zulässig, sofern er die Parität der Sozialpartner dadurch nicht gefährdet (S. 72).

26. Das Grundgesetz gestattet ein Verbot oder eine gesetzliche Beschränkung der Aussperrung insoweit, als sich dies als notwendig erweist, die Parität der Sozialpartner, verstanden im Sinn eines strukturellen Gleichgewichts zwischen ihnen und einer Chancengleichheit bei Tarifverhandlungen und im Arbeitskampf, herzustellen oder aufrechtzuerhalten. Der Gesetzgeber kann die Aussperrung ferner auch dann untersagen oder einschränken, wenn dies zum Schutz anderer besonders wichtiger Rechtsgüter erforderlich ist, sofern er dadurch die Parität der Sozialpartner nicht beeinträchtigt (S. 72).

27. Ein Aussperrungsverbot wäre demnach zulässig, wenn sich beweisen oder doch plausibel begründen läßt, daß die Arbeitgeberseite den Arbeitnehmern und Gewerkschaften im Arbeitskampf aus strukturellen Gründen andauernd überlegen, das Gleichgewicht zwischen den Sozialpartnern also gestört ist, und daß ein Verbot der Aussperrung das geeignete Mittel wäre, die Parität wieder herzustellen (S. 74).

28. Aus der persönlichen und wirtschaftlichen Situation der Arbeitnehmer im Arbeitskampf läßt sich eine solche Unterlegenheit der Arbeitnehmerseite nicht belegen. Denn sowohl für die organisierten wie für die nicht organisierten Arbeitnehmer besteht ein Existenzrisiko, das die Kampfkraft untergräbt und die Parität zwischen den Sozialpartnern aufhebt, heute nicht mehr (S. 74 ff.).

29. Der Vergleich der Kapitalkraft von Gewerkschaften und Arbeitgebern bzw. Arbeitgeberverbänden ist kein beweiskräftiger oder auch nur plausibler Ansatz, ein strukturelles Übergewicht der Arbeitgeberseite darzulegen, welches ein Verbot der Aussperrung verfassungsrechtlich rechtfertigen würde (S. 77 ff.).

30. Soweit eine Erfolgsstatistik von Arbeitskämpfen vorliegt, spricht sie eher gegen als für eine Unterlegenheit der Arbeitnehmerseite (S. 80 ff.).

31. Auch die Entwicklung der Lohnquote spricht eher für ein Über- als für ein Untergewicht der Arbeitnehmerseite (S. 82 f.).

32. Beim gegenwärtigen Stand der sozioökonomischen Verhältnisse und der wissenschaftlichen Erkenntnis gibt es daher keine beweiskräftigen oder plausiblen sozialwissenschaftlichen Argumente, die ein Ungleichgewicht zwischen den Sozialpartnern zu Lasten der Arbeitnehmer belegen würden. Aus diesem Grund besteht verfassungsrechtlich unter dem Gesichtspunkt einer Wiederherstellung der Parität keine Handhabe, in das unter dem Schutz der Koalitionsfreiheit stehende Arbeitskampfsystem einzugreifen und die Aussperrung einseitig zu verbieten (S. 83).

33. Da der Schutz der Arbeitnehmer ein besonders wichtiges Rechtsgut darstellt, das unter dem Gesichtspunkt der Menschenwürde und des Sozialstaats auch Verfassungsrang besitzt, ist ein Aussperrungsverbot mit dieser Begründung verfassungsrechtlich zu rechtfertigen, sofern die Parität der Sozialpartner gewahrt bleibt (S. 84 f.).

34. Der Gesetzgeber ist daher verfassungsrechtlich nicht gehindert, die Angriffsaussperrung zu verbieten (S. 85 ff.).

35. Auch die lösende Aussperrung ist unter dem Gesichtspunkt der Parität für die Arbeitgeberseite entbehrlich und kann daher im Interesse der Arbeitnehmer vom Gesetzgeber untersagt werden (S. 87 ff.).

36. Dagegen ist die suspendierende Abwehraussperrung für die Arbeitgeberseite nicht verzichtbar, wenn die Parität der Kampf- und Verhandlungschancen gewahrt bleiben soll. Der Gesetzgeber ist daher nicht befugt, sie zu verbieten (S. 88 ff.).

37. Der Gesetzgeber kann aber Abwehraussperrungen untersagen, welche den Arbeitskampf über ein Tarifgebiet hinaus ausdehnen (S. 92 f.).

38. Sofern man Sympathiearbeitskämpfe nicht aus anderen Gründen für unzulässig hält, gilt für die Sympathieaussperrung dasselbe wie für die anderen Arten der Aussperrung (S. 93 ff.).

39. Die Europäische Konvention zum Schutz der Menschenrechte und Grundfreiheiten und die Europäische Sozialcharta enthalten keinen höheren Schutz der Aussperrung als das Grundgesetz, weshalb sie den Gesetzgeber gleichfalls nicht hindern, die Angriffsaussperrung und die lösende Aussperrung zu untersagen (S. 95 ff.).

## IX. Gesamtergebnis

Der Bundesgesetzgeber ist durch das Grundgesetz bzw. durch übergeordnete völkerrechtliche Normen nicht gehindert, die Angriffsaussperrung und die lösende Aussperrung zu verbieten. Er kann ferner Abwehraussperrungen untersagen, welche den Arbeitskampf über ein Tarifgebiet hinaus ausdehnen. Im übrigen kann die Aussperrung durch Bundesgesetz weder für sich allein noch im Zusammenhang mit einer allgemeinen Regelung des Arbeitskampfrechts verboten oder eingeschränkt werden, sofern das Streikrecht unverändert bleibt.

Printed by Libri Plureos GmbH
in Hamburg, Germany